Wilhelm Schäffer

Tiefe des Augenblicks. Meditation: Schritt für Schritt

Wilhelm Schäffer

# Tiefe des Augenblicks. Meditation: Schritt für Schritt

## Ein Begleiter durch den Advent

Fromm Verlag

**Imprint**



Cover image: www.ingimage.com

Publisher:
Fromm Verlag
is a trademark of
International Book Market Service Ltd., member of OmniScriptum Publishing Group
17 Meldrum Street, Beau Bassin 71504, Mauritius

Printed at: see last page
**ISBN: 978-613-8-35019-4**

# Inhaltsverzeichnis



---

## 1. Woche: Grund-Erfahrungen

---



---

## 2. Woche: Daseins-Erfahrungen

---

## 3. Woche: Tiefen-Erfahrungen



*Bibelzitate sind der neuen Einheits-Übersetzung von 2017 entnommen.*

# ZUR EINFÜHRUNG

*„Leise rieselt der Schnee..."* Leise? Ja – wer würde sich für den Advent nicht eine solche besinnliche und ruhige Atmosphäre wünschen, wie sie in diesem altbekannten Lied schwingt? Die Realität sieht oft anders aus. Eine Vielzahl von Veranstaltungen, Vorbereitungen und Einkäufe für Weihnachten verdrängen die ersehnte Ruhe.
Dieses Buch will dem etwas entgegensetzen: *Meditation* kann nämlich helfen, trotz aller Betriebsamkeit immer wieder zur Ruhe und zum Nachdenken zu kommen. Darum stellt dieser Begleiter durch die Adventszeit die Meditation und meditative Erfahrungen ganz in den Mittelpunkt. Man könnte ihn sogar als kleinen Einführungskurs in die Meditation gebrauchen. Immer wieder werden dabei auch Bezüge zur christlichen Spiritualität hergestellt.

Wer meditieren will, zieht sich normalerweise von der Außenwelt zurück. Er begibt sich in einen ruhigen, störungsfreien Raum, und taucht ein ins eigene Innere.
Die Übungen dieses Buches beschreiten einen anderen Weg. Sie setzen dort ein, wo wir uns gewöhnlich bewegen: mitten in den Erfahrungen des Alltags. Diese Erfahrungen nehmen wir daraufhin in den Blick, welche tieferen Dimensionen in ihnen verborgen liegen. Der Weg führt also von normalen, uns täglich zugänglichen Erlebnissen hin zu der Erfahrung, dass – wie der Titel es andeutet – in *jedem* Augenblick eine Tiefe ist. Wir leben bewusster und intensiver, ja „ganzer", wenn uns diese Tiefe gegenwärtig bleibt. Dafür wollen die Übungen einen Dienst leisten.

Auch für diejenigen, die schon lange mit Meditation vertraut sind, können sich dadurch neue Perspektiven eröffnen: Alltagserfahrungen treten in ein anderes Licht; man lernt, achtsamer mit ihnen umzugehen.
Eine ausgefeilte Meditations-Technik steht dabei nicht im Mittelpunkt. Eher geht es darum, Erfahrungs-Möglichkeiten zu erschließen und sich in sie hinein zu vertiefen.

***„Die wahre Lebensweisheit besteht darin,
im Alltäglichen das Wunderbare zu sehen."***

*Pearl S. Buck*

# PRAKTISCHE HINWEISE

## Aufbau des Buches

„Meditation: Schritt für Schritt“ lautet der Untertitel dieses Buches. Es enthält keine längeren Artikel, sondern erarbeitet das Thema „Meditation“ auf eine besondere, leicht zugängliche Weise, nämlich in Form von täglichen Besinnungen über einen gewissen Zeitraum hinweg – in diesem Fall dem Advent entlang. Es ist allerdings auch unabhängig von der Adventszeit zu gebrauchen.

Jede Wochen-Einheit hat ein Leit-Thema. Tag für Tag führen die Besinnungen in einen Aspekt der Meditation bzw. der meditativen Erfahrung ein, und setzen so nach und nach, wie ein Mosaik, ein Gesamtbild zusammen.

Die Besinnungen der *ersten Woche* befassen sich mit den grundlegenden Elementen des Meditierens. Mit der Einübung verbinden sich Hinweise auf ihren praktischen Nutzen für die Lebensgestaltung.

Die Besinnungen der *zweiten Woche* erschließen verschiedene Lebenserfahrungen auf meditative Art und Weise, das heißt in einer Haltung der Achtsamkeit und Empfänglichkeit.

Die Besinnungen der *dritten Woche* wenden sich tieferen und anspruchsvolleren Erfahrungen in der Meditation zu, wie sie sich erst nach einer gewissen Zeit meditativer Einübung voll erschließen.

Jeweils sechs Tage einer Woche erarbeiten einen eigenen Leitgedanken. Der siebte Tag ist dem Wochenrückblick gewidmet.

Den Abschluss bilden zwei ergänzende Besinnungen zum 4. Adventssonntag und zu Weihnachten.

Die einzelnen Tagesbesinnungen sind bewusst nicht bestimmten Tagen des Advents und einem Datum zugeordnet. Der Adventsbegleiter umfasst drei Wochen; hinzu kommt ein Impuls zum 4. Advent und zu Weihnachten. Dadurch passt er in die Adventszeit jedes Jahres, unabhängig von deren wechselnder Länge. Der Leser bekommt einen gewissen Spielraum: Findet man an einem Tag nicht die Zeit für die Besinnung, oder möchte man einen Tag länger bei einem Thema verweilen, kann man einfach mit der folgenden Tagesbesinnung weitermachen, ohne etwas überspringen oder nachholen zu müssen.

## Zur täglichen Meditation

Man kann diesen Adventsbegleiter mehr oder weniger intensiv nutzen. Die täglichen Besinnungsanregungen lassen sich in wenigen Minuten lesen. In die Tiefe dringen sie allerdings erst, wenn man sich Zeit nimmt:
... um in der Stille anzukommen;
... die Anregungen in sich einsickern und arbeiten zu lassen;
... die *für mich heute* wichtigen Impulse zu erspüren;
... ggf. mit Gott darüber ins Gespräch zu kommen.
Hierzu leitet die folgende „Gebrauchsanweisung" an.

### *Aufbau*

Die täglichen Besinnungen sind nach einem stets gleich bleibenden Muster aufgebaut:

- Angabe des Tagesthemas in der Überschrift.
- Einstimmende Übung und Stille zur Sammlung.
- Impulse zum Tagesthema.
- Zeit zum Verweilen und Nachdenken.
- Anregungen zum Gebet.
- Impuls für den Tag.

### *Einstimmung*

Zu Beginn meiner Betrachtung entspanne ich mich. Ich nehme wahr, wie ich sitze – im Kontakt mit der Erde, aufgerichtet zum Himmel.
Ich versuche, ganz im Hier und Jetzt da zu sein, und Abstand zu allem anderen zu gewinnen.
Ich sammle mich auf Gott hin, und verweile vor ihm.
Ich bitte um Offenheit für das, was er mir heute zeigen will.

- Die „einstimmende Übung zur Sammlung" (siehe S. 8-10) bietet hierzu eine Anleitung. Sie kann täglich in gleicher Form durchgeführt werden.

Für diese Einstimmung lasse ich mir genügend Zeit, bis ich wirklich ganz gegenwärtig und aufnahmefähig geworden bin. Bevor ich den Besinnungstext lese, verweile ich noch ein wenig in der Stille.

### *Impulse zur Besinnung*

Nun beginne ich, langsam die Impulse zur „Erfahrung und Besinnung" zu betrachten. Sie geben Gedankenanstöße zum jeweiligen Tagesthema, und leiten ggf. zu weiteren meditativen Übungen an. Über die Ideen hinaus wollen

sie ein Stück *Erfahrung* vermitteln. Deshalb sind sie zuweilen „selbstreflektierend“ in „ich“-Form abgefasst: Es geht darum, dass ich die Übungen und Besinnungen möglichst intensiv mitvollziehe und als Person wachse.
Es kann sinnvoll sein, zuerst die ganze Besinnung zu lesen, um den Zusammenhang zu erfassen. Dann betrachte ich den Text noch einmal, langsam und aufmerksam, Abschnitt für Abschnitt. Wenn mich etwas besonders anspricht oder persönlich betrifft, halte ich inne und verweile länger dabei. Es mag sein, dass gerade darin *Gott* zu mir sprechen will – hier und jetzt. Ich lasse mir Zeit auch für die vorgeschlagenen Übungen. Impulse und Meditationsübungen führen einen Weg entlang.
Wichtiger als alle Einzelheiten zu erfassen ist, dass ich dabei „mein Wort“ entdecke – das, was *mich* angeht: vielleicht nur *einen* Gedanken oder praktischen Impuls, der mich berührt, und den ich mir bewahren will, um daraus zu leben. „Nicht das viel Wissen sättigt die Seele“, sagt *Ignatius von Loyola*, „sondern das Fühlen und Kosten der Dinge von innen!“ [1)]

### *Zeit zum Verweilen und Nachdenken*

Nach der Lektüre bleibt Zeit, alles noch einmal nachklingen zu lassen. Hier geht es weniger darum, weitere Gedanken zu entwickeln, sondern das Gelesene in die Tiefe sinken zu lassen, wo es nachhaltig weiterwirken kann.
Ich warte geduldig, und gebe noch einmal der Stille Raum.
Wichtige Gedanken, Einsichten und Fragen, die ich festhalten will, kann ich mir aufschreiben. Dazu empfiehlt es sich, ein „geistliches Tagebuch“ anzulegen. Einsichten und Entschlüsse wirken so nachhaltiger. Ich kann später erneut darauf zurückgreifen.

### *Gott begegnen: Anregungen für das Gebet*

Üben, Nachdenken und Schweigen sollen ins *Gebet* münden. Jede Besinnung enthält Anregungen dafür, die auf das Tagesthema abgestimmt sind. Dies will jedoch nur eine Hilfe sein. Wichtiger ist, dass ich selbst zu einer persönlichen Zwiesprache mit Gott gelange, ihm innerlich nahe komme und in seiner liebenden Gegenwart verweile.
Wie mit einem Freund darf ich mit Gott sprechen und mich ihm anvertrauen. Hier haben auch persönliche Dank- und Fürbitt-Gebete ihren Platz. Wenn mir etwas schwierig erscheint, mich herausfordert oder gar überfordert, bitte ich um Klarheit und Kraft.
Dann kann ich noch eine Weile im Schweigen verharren.

Es ist sinnvoll, mit einem festen Gebet abzuschließen: z.B. dem Vaterunser, oder einem Gebet nach eigener Wahl. Einige Gebetsvorschläge finden sich auf S. 10.

### *Impuls für den Tag*

Der letzte Abschnitt gibt jeweils eine praktische Anregung. Oft werde ich jedoch eigene Ideen dafür finden. Sie haben immer den Vorrang! Ich kann sie auch auf einen Zettel notieren, der mich durch den Tag begleitet.

### *Wiederholen*

Wenn eine Besinnung mich sehr stark beschäftigt, kann ich sie am nächsten Tag wiederholen. Nicht alle Tage der Adventszeit sind gefüllt, so dass hierfür etwas Spielraum bleibt.

### *Rückblick auf die Woche*

Das gesamte Buch ist nach den drei Wochen der Adventszeit gegliedert. Jede Woche hat ihren eigenen Akzent.
Der jeweils 7. Tag bringt kein neues Tagesthema, sondern leitet an zu einem „Rückblick auf die Woche". Der Aufbau folgt jedoch dem Muster der anderen Tagesbesinnungen.
Dieser Wochenrückblick soll helfen, noch einmal einen Überblick zu bekommen und das Wichtigste, das man sich bewahren möchte, in Erinnerung zu rufen. Auch hier kann man sich Notizen ins „geistliche Tagebuch" machen.

# Einstimmende Übung zur Sammlung

Diese Übung steht jeweils am Beginn jeder Tagesbesinnung. Die folgende Anleitung ist recht ausführlich und geht auch auf praktische Aspekte der Meditations-Methodik ein. Dadurch werden die Übungsanleitungen in den Tagesbesinnungen von allzu vielen „technischen“ Erläuterungen entlastet.
Die „Technik“ des Meditierens ist weitgehend der aus Japan stammenden Zen-Meditation entlehnt.
Wer schon mehr Erfahrung hat, wird vielleicht eine so detaillierte Anleitung nicht mehr benötigen. Jeder möge also die Einstimmung in der Weise (knapper oder ausführlicher) durchführen, wie sie ihm entspricht.

- Sie können den Text auch aufnehmen und als Einstimmung zu Ihrer Meditation laufen lassen. Sprechen Sie langsam und ruhig, mit Pausen nach den einzelnen Schritten der Übung.

### *Ankommen*

Ich habe jetzt Zeit, Zeit zum Ankommen. Ich setze mich hin, in meiner gewohnten Meditations-Haltung, und komme zur Ruhe.

### *Meditationsgerecht sitzen*

Wer eine der „klassischen“ Formen meditativen Sitzens (Lotus- oder Fersensitz) beherrscht, wird diesen einnehmen und dafür wohl keine besondere Anleitung mehr benötigen.
Ansonsten genügt auch ein normaler Stuhl.
Ich setze mich so hin, dass eine ausgeglichene Haltung entsteht. Hüfte, Knie und Fußgelenk bilden jeweils einen rechten Winkel (zum Höhenausgleich hilft eine gefaltete Decke unter den Fußsohlen bzw. auf dem Sitz). Die Lehne des Stuhls darf mir helfen, aufrecht zu sitzen: Ich rücke so nahe an sie heran, dass sie zumindest im Kreuzbereich den Rücken stützt.

### *Den Leib fühlen*

Nun spüre ich in meine Leibmitte hinein: in den unteren Bauchraum, unterhalb des Nabels.[2)] Von dieser Mitte aus richte ich mich auf. Die Wirbelsäule kommt ins Lot; ich nehme ihre aufrichtende Kraft wahr. Ihr vertraue ich mich an. Ich kann mich jetzt im Rücken wieder loslassen, ohne zusammenzusinken oder umzukippen. So sitze ich in einem entspannten Gleichgewicht: gerade und aufrecht, doch ohne mich anstrengen zu müssen.

Meine Hände ruhen auf den Oberschenkeln, oder schalenförmig ineinander gelegt im Schoß. Unter mir nehme ich den Boden wahr, der mich trägt, und ggf. die Sitzfläche des Stuhles oder Hockers.
Die Augen können geschlossen sein. Will ich sie lieber geöffnet lassen, um nicht ins Träumen zu geraten, sollte der Blick auf einem Punkt am Boden vor mir ruhen, ohne jedoch etwas zu fixieren. So vermeide ich Ablenkungen.

### *Den Körper entspannen*

Jetzt löse ich alle Spannungen in meinem Körper: Arme und Hände (ggf. rechts und links nacheinander) ... Beine und Füße, vom Gesäß ausgehend (rechts ... links); ... dann der Rücken vom Kreuzbein ausgehend aufwärts, die Wirbelsäule entlang, bis zu den Schultern; dabei gelangt meine Sitzhaltung noch besser ins Gleichgewicht; die Schultern fallen locker zur Seite herab; ... schließlich Hals und Nacken ...
Besonders aufmerksam entspanne ich mein Gesicht: Mundpartie (ich löse alle „Verbissenheit"), Wangen, Bereich um die Ohren und Augen, die Stirn. ... Ich spüre, wie das Gesicht frei und heiter wird. ...
Die Entspannung kann sich von der Stirn ausbreiten über die gesamte Kopfhaut hinweg. Das wirkt auch in die Tiefe: Vielleicht spüre ich, wie ein Druck vom Gehirn – und damit vom Denken – weggenommen wird.
Schließlich entspanne ich die Muskeln von Brust und Bauchdecke und spüre, wie der Atem freieren Raum bekommt.

### *Mit dem Atem mitschwingen*

Nun nehme ich meinen Atem wahr, lasse ihn frei gehen, wie er will, und atme alles Belastende aus. Ich schwinge mit der Bewegung des Ein- und Ausatmens mit. Fördernd für Entspannung und Sammlung wirkt die „Tiefen-Atmung" mit Hilfe des Zwerchfells in den Bauchraum hinein: Hierbei wölbt sich die Bauchdecke vor und zurück, die Bewegung des Atmens wird bis in die Tiefe des Bauchraumes spürbar. (Damit ist *nicht* ein angestrengt „tiefes" Atmen gemeint!)

### *Den Geist zur Ruhe kommen lassen*

Alle Anspannung lasse ich gleichsam abfließen. Auch Druck und geistige Anstrengung lasse ich los. Jetzt brauche ich nichts darzustellen, nichts zu erreichen, nichts zu leisten. Es genügt, einfach da zu sein.

Was vorher war, lasse ich los. Es ist vergangen. ... Was kommen wird, ist noch nicht da. ... Alles darf jetzt sein, wie es ist: meine Verfassung, meine Gedanken und Gefühle, Menschen, Geräusche...
Meine Gedanken kommen zur Ruhe. Ich lasse sie vorbeiziehen, wie sie in mir aufsteigen, ohne ihnen nachzugehen. Eine innere Stille tritt ein. Ich bin ganz gegenwärtig, und frei von allen Ablenkungen.

***Die innere Mitte erspüren***

Der Atem hat mich nach innen und in die Tiefe geführt. Ich erspüre meine innere Mitte, die noch einmal hinter der Welt der Gedanken, Bilder und Empfindungen liegt – jenen geheimnisvollen Punkt, von dem aus ich *„ich“* sagen kann. So komme ich mir selbst nahe, werde ganz eins mit mir. Ich bin ganz bei mir, und ruhe in mir selbst.
So bin ich wach und gegenwärtig. Ich öffne mich für das Geheimnis des Lebens, das in meiner Tiefe anwesend ist – und zugleich dafür, dass *Gott* mich in dieser Tiefe berühren und ansprechen kann.

---

## GEBETE ZUM ABSCHLUSS DER TAGESBESINNUNGEN

Wachse, Jesus, wachse in mir: in meinem Geist, in meinem Herzen, in meiner Vorstellung, in meinen Sinnen.
Wachse in mir in deiner Milde, in deiner Reinheit, in deiner Demut, deinem Eifer, deiner Liebe.
Wachse in mir mit deiner Gnade, deinem Licht und deinem Frieden.
Wachse in mir zur Verherrlichung deines Vaters, zur größeren Ehre Gottes.

Gebet von *Pierre Olivaint;* aus GOTTESLOB Nr. 6/5

Komm, o mein Heiland Jesu Christ, meins Herzens Tür dir offen ist.
Ach zieh mit deiner Gnade ein, dein Freundlichkeit auch uns erschein.
Dein Heilger Geist uns führ und leit den Weg zur ewgen Seligkeit.
Dem Namen dein, o Herr, sei ewig Preis und Ehr.

Liedtext von *Georg Weißel;* aus GOTTESLOB Nr. 218, 5. Strophe

## ANREGUNGEN FÜR EINEN TAGESRÜCKBLICK

Auch unabhängig von der Arbeit mit diesem Adventsbegleiter ist es sinnvoll, täglich einen „geistlichen Tagesabschluss“ mit einem Tagesrückblick zu gestalten: Alles was mir heute begegnet ist, schaue ich noch einmal an. Vielleicht notiere ich mir auch, was mir wichtig geworden ist.
Danach übergebe ich alles an Gott. Er schaut auf mich mit dem Blick der Liebe, nicht fordernd oder gar als Richter. So kann ich frei von Sorge, Angst und Schuldgefühlen einschlafen – und den nächsten Tag als sein Geschenk erwarten.

***Ich mache mir bewusst, dass Gott da ist***

- Ich lasse mir Zeit anzukommen: bei mir... bei Gott...
- Ich bitte ihn, in seinem Geist den Tag anschauen zu können: vorurteilsfrei, gelassen, liebend.

***Ich schaue mir den Tag an***

- Stunde um Stunde lasse ich vor meinem inneren Auge vorüberziehen. Ich nehme mir Zeit, auch einzelnes, das mir wichtig war, genauer anzuschauen.
- Dabei dürfen Gedanken, Empfindungen, Widerstände, Gefühle, auch körperliche Reaktionen (wieder) aufsteigen: z. B. Dankbarkeit, Freude, Ärger, Unsicherheit, Angst, Unruhe... All dies nehme ich einfach wahr, ohne es zu werten. Ich halte es Gott hin.

***Ich gebe den Tag an Gott zurück***

- *Wofür will ich danken?*
  Ich rufe mir alles in Erinnerung, womit ich mich heute beschenkt fühle: freudige Augenblicke und schöne Erlebnisse, tiefe Begegnungen, fruchtbare Arbeit und gutes Gelingen, glückliche Fügungen, Gebets-Erhörungen...
  Bin ich heute (ggf. angeregt durch diesen Adventsbegleiter) zu innerem Wachstum oder zu neuen Erfahrungen gelangt? Sehe ich manches in meinem Leben mit neuen Augen? Konnte ich intensiver beten? Durfte ich Menschen neu begegnen?
  Ich lasse Dankbarkeit in mir aufsteigen, verweile darin, und preise Gott für seine Gaben.

- *Worum will ich bitten?*
  Mit mancherlei Problemen war ich heute konfrontiert – eigenen und denen anderer. Mitmenschen haben mir ihre Anliegen anvertraut.
  Habe ich mich (ggf. angeregt durch diesen Adventsbegleiter) zu einem neuen Schritt entschlossen, und suche nun Gottes Hilfe dafür?
  Dies alles lege ich in Gottes Hand. Ich bitte um Hilfe und Kraft – und auch darum, das annehmen zu können, was sich nicht verändern lässt.
  Menschen, für die ich beten will, halte ich Gott hin und bitte ihn, ihnen das zu geben, was gut für sie ist – er weiß es besser als ich.
- *Was muss ich loslassen?*
  Manches lässt mich nicht los: Sorgen und Ängste, ungelöste Probleme und Konflikte, verpasste Gelegenheiten, seelische Verwundungen, eigenes Versagen und Schuld...
  Habe ich Widerstände gegen Impulse aus diesem Adventsbegleiter oder gegen den dadurch angeregten Wachstumsprozess empfunden? Denke ich, heute zu wenig geliebt zu haben?
  Ist mein Leben aus dem Glauben bei anderen auf Unverständnis oder Widerspruch gestoßen? Fühle ich mich deshalb entmutigt?
  All dies nenne ich beim Namen. Dann forme ich gleichsam ein „Päckchen“ daraus und schicke es an Gott. (Diese bildhafte Vorstellung hilft, es loszulassen und wegzugeben.) Unbelastet gehe ich nun in die Ruhe der Nacht.

# 1. Woche:

# Grund-Erfahrungen

---

## Einstimmendes Schriftwort

*Der HERR antwortete Elija: Komm heraus und stell dich auf den Berg vor den HERRN! Da zog der HERR vorüber: Ein starker, heftiger Sturm, der die Berge zerriss und die Felsen zerbrach, ging dem HERRN voraus. Doch der HERR war nicht im Sturm. Nach dem Sturm kam ein Erdbeben. Doch der HERR war nicht im Erdbeben. Nach dem Beben kam ein Feuer. Doch der HERR war nicht im Feuer.*

*Nach dem Feuer kam ein sanftes, leises Säuseln. Als Elija es hörte, hüllte er sein Gesicht in den Mantel, trat hinaus und stellte sich an den Eingang der Höhle. Da vernahm er eine Stimme, die ihm zurief: Was willst du hier, Elija?*

1. Buch der Könige 19,11-14a

## 1. Woche – 1. Tag
## Sammlung

❖ Zu dieser Übung zünden Sie bitte eine Kerze an!

***Einstimmende Übung zur Sammlung: siehe S. 8-10***

### Erfahrung und Besinnung

Abends vor dem Fernseher: Was gibt es heute Besonderes? Man schaltet die Programme durch. Manche „zappen" dauernd zwischen verschiedenen Sendungen hin und her – immer auf der Suche nach etwas, das die Aufmerksamkeit gefangen nimmt.
Ist es das, was wir dabei *eigentlich* suchen: etwas, das mich wirklich *berührt* und ausfüllt?

Haben Sie schon einmal versucht, zwei Filme gleichzeitig anzuschauen? Irgendwie geht das, indem man immer hin und her schaltet. Doch am Ende verbleibt das Gefühl, keinen von beiden richtig gesehen zu haben.
„Alles, was man tut, dauert einfach viel, viel länger, als wir es aus der modernen Zeit gewohnt sind", sagte ein Teilnehmer an einem Experiment, einige Monate unter den Bedingungen der Steinzeit zu leben. „Aber das hat auch einen Vorzug: Man lässt sich viel mehr in das hineinfallen, was man tut!"
Könnte *dies* der Weg sein zu etwas, das mich „ausfüllt"? Bei *einer* Sache bleiben ... sich einfach „hineinfallen" lassen ... verweilen, sich Zeit nehmen ...

Blicken Sie jetzt auf die Kerze, die Sie zu Beginn angezündet haben. Schauen Sie einfach nur hin. Achten Sie auf nichts anderes. Lassen Sie die Kerze, die Flamme auf sich wirken. Was sehen Sie? ...
Hören Sie dann auch damit auf, das, was Sie wahrnehmen, gedanklich in Worte zu fassen. *Sehen* Sie nur – ganz und aufmerksam, doch ohne Anstrengung, in einer *empfänglichen* Haltung. Lassen Sie sich einfach erfüllen von dieser faszinierenden, so lebendig wirkenden Flamme. ...
Das ist *Wirklichkeit!* Sie gelangen zu einem unmittelbareren, „ganzen" Kontakt damit, über das nur verstandesmäßige Begreifen hinaus: zu einem „Verkosten" der Dinge, wie *Ignatius von Loyola* sagt. Vielleicht fühlen Sie sich irgendwie „eins" mit der Kerze – und zugleich „eins" mit sich selbst!

Hat sich Ihnen eine neue Weise erschlossen, Dinge zu erleben? Dies war eine erste Erfahrung *meditativer Sammlung*. Sie können noch darin verweilen.

## *Zeit zum Verweilen und Nachdenken*

- *Was war mir besonders wichtig – was will ich mir bewahren?*

### Anregungen für das Gebet

Einfach dankbar sein:
... dass die Unruhe sich gelegt hat;
... dass ich mich jetzt „ganz" fühle;
... dass ich etwas mit allen Sinnen erfahren durfte;
... dass ein Stück Welt mir *wirklicher* geworden ist.

*Durch Umkehr und Ruhe werdet ihr gerettet, im Stillhalten und Vertrauen liegt eure Kraft!*

Jesaja 30,15

### Impuls für den Tag

Die heutige Besinnung will dazu befähigen, aufmerksamer durchs Leben zu gehen. Kann ich nun Dinge intensiver wahrnehmen? Sie „*wahr*-nehmen" im Sinne des Wortes: aufnehmen, wie sie in Wahrheit sind...

- *Habe ich eine eigene Idee für diesen Tag?*

## 1. WOCHE – 2. TAG
## „UNTER DAMPF?“ – ENTSPANNUNG UND GELASSENHEIT

***Einstimmende Übung zur Sammlung: siehe S. 8-10***

### Erfahrung und Besinnung

Wie ist Ihr letzter Arbeitstag gelaufen? Standen Sie sehr „unter Dampf“? Vielen Menschen wird heute, vor allem in der Arbeitswelt, enorm viel abgefordert. Ständig stehen sie unter Anspannung. Wie lange hält ein Mensch das aus? Wir wissen doch, dass wir immer wieder eine Pause, eine Auszeit brauchen. Im *Wechsel* von Arbeit und Ruhe, von Anspannung und Erholung entfaltet sich das Leben. Nur so bleiben wir gesund.

Bei der einstimmenden Sammlungsübung konnten Sie folgende Erfahrung machen: An einem bestimmten Punkt haben Sie *losgelassen*, haben sich entspannt, und dabei den ganzen Leib durchgespürt.
Vielleicht möchten Sie diesen Teil der Übung hier noch einmal wiederholen...

Es ist oft erschreckend wahrzunehmen, wie viel Anspannung in uns steckt. Ursache ist nicht nur Anstrengung bei der Arbeit. Auch Konflikte, Ängste oder seelischer Druck rufen Spannungen hervor. Dabei erzeugen sie keineswegs „Spannkraft“, wie man sie für körperliche oder geistige Leistungen benötigt – solche Spannungen blockieren und lähmen!
Spannungen abzubauen, sie loslassen zu können, ist heilsam. Haben Sie die Entspannungs-Übung als angenehm empfunden? In der Entspannung gelangen wir zur Ruhe und schöpfen neue Kräfte.

„Wer die Entspannung beherrscht, wird auch die Spannung beherrschen“, sagen die Lehrer der japanischen Kampfkunst „*Karate*“*!* Aus der Entspannung heraus vermag man schnell und präzise zu reagieren. Ein Wechselbezug besteht zwischen Anspannung und Entspannung.
Im Kraftwerk setzt „hochgespannter“ Dampf die Turbine in Bewegung, indem er sich „entspannt“ und dabei seine Energie auf sie überträgt... Entspannung ist keine Untätigkeit, sondern eine eigene Weise zu leben und da zu sein. Sie *bewirkt* etwas.

Loslassen, immer neu geübt, fördert die *Gelassenheit.* Es wirkt Angst und seelischem Druck entgegen. Eine der schönsten Früchte der Meditation besteht darin, den Wechselfällen des Lebens gelassener entgegentreten zu können: unverkrampft, ohne sich gleich aufzuregen oder unter Druck zu fühlen. Wer die innere Ruhe bewahrt, lässt sich nicht so leicht aus der Fassung bringen. Er kann überlegt handeln. Er wird auch fähig, Dinge anzunehmen und stehen zu lassen, die er nicht ändern kann.

## *Zeit zum Verweilen und Nachdenken*

- *Was war mir besonders wichtig – was will ich mir bewahren?*

### Anregungen für das Gebet

Mit der Entspannung kann ich mich loslassen ins *Vertrauen zu Gott* hinein. Diese Übung ist selbst schon ein Gebet. Ich „überlasse" mich Gott.
Vertrauen kann man sich kaum willentlich „verordnen". Wohl aber kann ich es *empfangen* und jetzt von ihm erbitten.

> „Ich hole mich aus aller Zerstreutheit zusammen und vertraue mich dir an.
> Ich lege mich in dich hinein wie in eine große Hand. ...
> In dir sein, Herr, das ist alles, was ich mir erbitte."

(*Jörg Zink*) [3)]

### Impuls für den Tag

Es wirkt befreiend, gerade in „angespannten" Situationen eine kurze Entspannungs-Übung durchzuführen: einige tiefe, ruhige Atemzüge ... im Ausatmen die Spannungen abfließen lassen ... den ganzen Leib loslassen ... dann sich der Situation gelassen wieder stellen.

- *Habe ich eine eigene Idee für diesen Tag?*

## 1. WOCHE – 3. TAG
## ATEM DES LEBENS

***Einstimmende Übung zur Sammlung: siehe S. 8-10***

### Erfahrung und Besinnung

Der Mensch kommt notfalls mehrere Wochen ohne Nahrung und einige Tage ohne Wasser aus. Ohne zu *atmen* jedoch überlebt er nur wenige Minuten. Das allein zeigt bereits die elementare Bedeutung des Atems. Doch wer achtet schon auf seinen Atem? Es ist auch nicht nötig: Atmen geht von selbst, vergessen kann man es nicht. Sensibel reagiert der Atem auf unsere körperliche und seelische Verfassung.
Vielleicht erinnern Sie sich an solche Augenblicke:
... wo Ihnen vor Angst oder Schreck der Atem stockte;
... wo Sie erleichtert aufgeatmet haben;
... wo Sie vor Anstrengung um Atem ringen mussten;
... wo Sie befreit durchatmen konnten; ...
In gewissen Grenzen können wir den Atem beeinflussen, und damit auch den eigenen seelischen Zustand. Er stellt eine *Brücke* dar: zwischen Leib und Seele, zwischen dem Bewusstsein und den unbewussten Lebensvorgängen.

*Erkunden Sie jetzt die Erfahrung des Atems:*

Atmen Sie zunächst ruhig und gleichmäßig, wie der Atem von selbst gehen will. Achten Sie nur darauf, dass sie „in die Tiefe“, in den Bauchraum hinein atmen. Dies ist die natürliche Ruhe-Atmung, die viele jedoch erst wieder einüben müssen. (Ob Sie es richtig machen, merken Sie daran, dass sich die Bauchdecke mit dem Ein- und Ausatmen hebt und senkt.) Mit dem wegströmenden Atem beim Ausatmen können Sie Spannungen abfließen lassen.
Spüren Sie, wie Sie gegenwärtiger und gesammelter werden? Sich auf den Atem zu konzentrieren, ist eine der wirksamsten meditativen Sammlungs-Übungen. Die Bewegung des Atems führt Sie nach innen, in Ihre eigene Tiefe hinein. Vielleicht erleben Sie sich dabei als „ganz“ und in Einklang mit sich. Ein guter Atem *heilt* Leib und Seele.

Atmen Sie dann ein paar Mal tief und kräftig durch; füllen Sie die Lunge ganz mit Luft. Spüren Sie, wie Ihnen das neue Energie verleiht, Sie wacher und lebendiger macht? *Atem ist Leben!* Seine Bewegung stellt einen Grundrhythmus des Lebens dar.

Lassen Sie dann den Atem wieder ruhig gehen. Nehmen Sie nur einfach seine natürliche Bewegung wahr; schwingen Sie darin mit. Sie können sich diesem Rhythmus des Lebens ganz überlassen. *„Es atmet"* – fast möchte man sagen: Ich *werde* geatmet. Das Leben durchströmt mich mit jedem Atemzug. Im Atem liegt *Weite:* Er verbindet uns mit allen lebenden Wesen, mit denen wir die „Atmosphäre" unseres Planeten teilen. So ist der Atem Sinnbild für die Zusammengehörigkeit, ja Einheit allen Lebens auf der Erde.

## *Zeit zum Verweilen und Nachdenken*

- *Was war mir besonders wichtig – was will ich mir bewahren?*

### Anregungen für das Gebet

*Da formte Gott, der HERR, den Menschen, Staub vom Erdboden, und blies in seine Nase den Lebensatem. So wurde der Mensch zu einem lebendigen Wesen.*

Genesis 2,7

„Gott, du mein Schöpfer. Atem und Leben sind deine Gaben an mich. Ich nehme dieses Geschenk an, und preise dich dafür."

Der Atem ist auch Sinnbild des *Heiligen Geistes.* Dieser „Atem Gottes" will mich durchdringen, erneuern, heiligen. Er ist die Quelle eines neuen Lebens: des „geist-lichen" Lebens. Mit *Augustinus* kann ich beten:

„Atme in mir, du Heiliger Geist!"

*Jesus hauchte sie an und sagte zu ihnen: Empfangt den Heiligen Geist!*

Johannes-Evangelium 20,22

### Impuls für den Tag

Gelegentlich bewusst zu atmen erneuert die Lebenskräfte und baut Anspannung ab. Es kann auch helfen, Ängsten entgegenzuwirken.

- *Habe ich eine eigene Idee für diesen Tag?*

## 1. Woche – 4. Tag
## Es darf sich etwas setzen

***Einstimmende Übung zur Sammlung:*** ***siehe S. 8-10***

### Erfahrung und Besinnung

Welche Körperhaltung nehmen Sie wohl am häufigsten ein? Wahrscheinlich das *Sitzen!* Der moderne Mensch verbringt einen Großteil seines Lebens im Sitzen: Wir sitzen bei der Arbeit, vor dem Computer, vor dem Fernseher, beim Essen, bei Gesprächen, im Auto... Ärzte warnen schon vor den schädlichen Folgen unserer „sitzenden" Lebensweise.

Sitzen ist weniger entspannt als Liegen; dennoch kann man sich gut dabei loslassen. Die Meditation nutzt das aus: Der Leib befindet sich in Ruhe. Auch innerlich kann sich „etwas setzen". Im Fernen Osten hat man dafür eigene, zum Teil anspruchsvolle Sitzhaltungen entwickelt. Ihnen gehen wir hier nicht weiter nach. Allen ist jedoch einiges gemeinsam: Man sitzt *aufrecht – in einem entspannten Gleichgewicht.*

Sie sitzen bereits in der Ihnen vertrauten Haltung. Richten Sie noch einmal den Rücken auf, lassen sich danach aber wieder los.

Spüren Sie, wie der Körper jetzt in ein Gleichgewicht kommt: Wie eine federnde Säule hält ihn das Rückgrat aufrecht. Sie dürfen sich von der Lehne des Stuhls unterstützen lassen; spüren Sie jedoch dieser aufrichtenden Kraft nach, die die Wirbelsäule selbst hat. So sitzen Sie gerade, ohne sich anstrengen zu müssen. Sie können sich loslassen, ohne zusammenzusinken oder umzukippen. Körperlich und auch geistig gelangen Sie zu einem entspannten Gleichgewicht – zur Harmonie.

Zugleich sind Sie ganz wach und gegenwärtig. Dieses Sitzen ist diszipliniert. In aufrechter, ja „aufrichtiger" Haltung schauen Sie in die Welt. Erspüren sie die innere Kraft, die darin liegt!

Sie sitzen fest und sicher, vom Stuhl gehalten. Unter den Füßen spüren Sie den Boden, der Sie trägt. Geben Sie sich hinein in dieses Empfinden, gehalten und getragen zu werden! Es kann zu einer geradezu religiösen Erfahrung von Geborgenheit führen.

## *Zeit zum Verweilen und Nachdenken*

➢ *Was war mir besonders wichtig – was will ich mir bewahren?*

### Anregungen für das Gebet

Während Sie fest und sicher, in sich ruhend, da sitzen – gehalten vom Boden und von Ihrem Sitz –, machen Sie sich bewusst: So hält und trägt mich *Gott*. Er ist der tragende Grund, der alles, was er geschaffen hat, im Dasein erhält. Auch ich ruhe in seiner Hand. Ich weiß mich geborgen in seiner Gegenwart. „Ich danke dir, Gott, dass du mich trägst. Ich vertraue dir. Gerade dann, wenn ich einen Halt besonders nötig habe, wenn ich den Boden unter den Füßen zu verlieren scheine, will ich mich dir anvertrauen. Ich weiß, dass ich nie tiefer fallen kann, als in deine Hand hinein!"

*Wenn du durchs Wasser schreitest, bin ich bei dir, wenn durch Ströme, dann reißen sie dich nicht fort. Wenn du durchs Feuer gehst, wirst du nicht versengt, keine Flamme wird dich verbrennen. ...*
*Fürchte dich nicht, denn ich bin mit dir!*

Jesaja 43,2.5a

### Impuls für den Tag

Ich sitze so viel – warum nicht immer wieder *bewusst* sitzen? So werde ich wieder wach und gegenwärtig, „aufrichtig" und bereit zur Begegnung.
Das meditative Sitzen – aufrecht im entspannten Gleichgewicht – fördert auch die *Gesundheit:* Der Atem geht freier, innere Organe werden von Druck entlastet, die Wirbelsäule kommt in ihre natürliche, federnd stabile Stellung.

➢ *Habe ich eine eigene Idee für diesen Tag?*

## 1. WOCHE – 5. TAG
## ANWESEND ODER ABWESEND?

***Einstimmende Übung zur Sammlung: siehe S. 8-10***

### Erfahrung und Besinnung

Wo sind Sie nach der einstimmenden Übung angelangt? Im *Hier und Jetzt!*

Diese Erfahrung machen wir im Alltag allzu selten. Meist sind wir mit vielerlei beschäftigt. Unterschiedliche Gedanken gehen uns gleichzeitig durch den Kopf. Vergangenes hält uns fest, ja verfolgt uns geradezu. Was auf uns zukommt, bereitet Sorgen oder veranlasst zum Träumen. Manchmal sind wir ganz „abwesend“, ganz woanders in unseren Gedanken.
Dabei findet doch das Leben genau *hier* statt, wo ich bin, und im *gegenwärtigen* Augenblick, im „Jetzt“! Meditation strebt danach, diese Gegenwärtigkeit zu erreichen. Die Übung hat Sie herangeführt – versuchen Sie nun, für einige Minuten ganz „anwesend“ zu bleiben, ganz bei sich selbst, ganz da im Hier und Jetzt! ...

Wie lange konnten Sie in dieser Weise gesammelt bleiben? Wahrscheinlich nur für kurze Zeit! Allzu schnell fangen die Gedanken wieder an zu arbeiten – und schon ist man abgelenkt, fällt aus dem Hier und Jetzt heraus. Diese Erfahrung macht jeder, der meditiert. Darum sollten Sie beim Üben daraus kein Problem machen: Kehren Sie einfach in die Sammlung zurück, sobald Sie bemerken, dass Sie abgelenkt waren. Das genügt – auch wenn Sie es während einer Übung immer von neuem tun müssen.

Ganz gegenwärtig zu bleiben ist schwierig. Dabei wäre es großartig, in dieser „Bewusstheit“ leben zu können – nicht nur beim Meditieren, sondern gerade im Alltag. Es wäre ein intensives, voll erlebtes Dasein. Vielleicht hat die Übung eine Ahnung davon vermittelt.
Dieses Ziel ist höchst anspruchsvoll und kaum dauerhaft erreichbar. Dennoch lohnt es, sich darum zu bemühen. Auch wenn es nur gelegentlich gelingt, ganz *da* zu sein, ganz *drinnen* in dem, was hier und jetzt ist, gewinne ich jedes Mal eine besondere Lebensqualität.

Das Leben wird einfach, wenn ich wirklich *anwesend* bin. Ich brauche mich immer nur dem zuzuwenden, was gerade jetzt auf mich zukommt, und darauf zu antworten. Das ist stets nur *eine* Aufgabe, *ein* Erlebnis, *ein* Mensch, dem ich begegne...

*„Nur eines ist notwendig"*, sagt Jesus zur viel beschäftigten Marta, als sie sich über ihre Schwester Maria beklagt (vgl. Lukas-Evangelium 10,38-42). Meinte er damit genau dies: was „hier und jetzt" an der Reihe ist, das „Gebot der Stunde", auf das es gilt, sich zu konzentrieren? Für Maria bestand es eben darin, Jesus zuzuhören...

## *Zeit zum Verweilen und Nachdenken*

- *Was war mir besonders wichtig – was will ich mir bewahren?*

## Anregungen für das Gebet

*Der Herr antwortete: Marta, Marta, du machst dir viele Sorgen und Mühen. Aber nur eines ist notwendig. Maria hat den guten Teil gewählt; der wird ihr nicht genommen werden.*

Lukas-Evangelium 10,41-42

„Anwesend" zu sein macht mich empfänglich für das, was *Gott* mir hier und jetzt zeigen oder geben will.

„Gott, ich bin jetzt ganz da und bereit zu hören. Was willst du mir sagen? Gibst du mir Antwort auf meine Fragen? Willst du mir etwas schenken? Richtest du einen Ruf an mich, hast du einen Auftrag für mich? Ich bin bereit zu hören."

## Impuls für den Tag

Immer, wenn es mir gelingt, daran zu denken, suche ich wirklich „anwesend" zu sein ... mich ganz dem Augenblick zu öffnen ... mich ganz dem Menschen zuzuwenden, der mir jetzt begegnet ... das „eine Notwendige" zu tun, immer eines nach dem andern.

- *Habe ich eine eigene Idee für diesen Tag?*

## 1. WOCHE – 6. TAG
## WAS SPRICHT DIE STILLE ZU MIR?

***Einstimmende Übung zur Sammlung: siehe S. 8-10***

### Erfahrung und Besinnung

„Soeben wurde ein Trappist (Schweigemönch) geboren!", sagt man in Italien, wenn in einer lebhaften Runde ohne erkennbaren Anlass plötzlich alle gleichzeitig still sind – ein eher seltenes Ereignis.
Wir Menschen sind laufend in Gesprächen. Auch wenn wir gerade nicht mit jemandem reden, kreisen die Gedanken und befassen sich in einer Art innerem Gespräch mit diesem und jenem. Eine wirkliche innere Stille tritt kaum einmal ein. Die meisten suchen sie auch gar nicht – vielleicht weil sie die (scheinbare) Leere des Schweigens und die Konfrontation mit sich selbst fürchten?
Dabei braucht schon jedes echte Gespräch die Stille: Nur wenn der eine schweigt und zuhört, wird er den andern verstehen. Auch innerlich muss er seine eigenen Gedanken bei Seite stellen, um *richtig* zuzuhören – sonst redet man aneinander vorbei.

Meditation strebt nach der *inneren* Stille: dass auch die Gedanken zur Ruhe kommen und, wenigstens für einige Augenblicke, völliges Schweigen eintritt. Solche innere Stille ist, wie die bewusste Gegenwärtigkeit, nur schwer länger aufrecht zu erhalten. Dennoch bewirkt sie etwas. Die Stille „spricht" zu mir: Sie ermöglicht bestimmte elementare Erfahrungen.

*Ich bin ich:* Im Schweigen bin ich ganz bei mir selbst. Ich nehme wahr: In mir gibt es jenen geheimnisvollen Punkt, von dem aus ich *„ich"* sagen kann, und von dem aus ich handle, erlebe, denke, spreche... Ich komme dem Geheimnis meines Personseins nahe.

*Es ist sinnvoll zu sein:* Die Stille ist keineswegs leer. Vielleicht geht mir auf: Ich kann glücklich sein, einfach indem ich lebe und existiere. Mein Leben, mein Dasein trägt einen Sinn in sich selbst – es wird nicht erst sinnvoll durch irgendwelche Aktivitäten oder Leistungen. Sind die Quellen des Glücks eher im eigenen Inneren zu suchen, als in den äußeren Umständen?

*Ich werde getragen:* Ich bin da, ohne etwas dafür zu tun. Werde ich nicht gehalten, getragen, ja beschenkt mit meinem Leben? Muss da nicht eine tragende Macht sein, die mich leben lässt? Die Stille berührt die *religiöse* Dimension. Ich ahne etwas von Gott, dem schöpferischen Urgrund. Ich werde dankbar.
Nicht in den dramatischen Natur-Ereignissen, sondern in einem „sanften, leisen Säuseln", begegnet der Prophet *Elija* Gott. Aus dieser Erfahrung in der Leere und Stille der Wüste wächst ihm dann ein neuer Auftrag zu (vgl. 1. Buch der Könige 19,8-16; siehe auch den Text auf S. 13).

Öffnen Sie sich in den nächsten Minuten diesen Erfahrungen. Auch wenn die Gedanken ständig wieder zu arbeiten anfangen: Kehren Sie immer neu in die gesammelte Stille zurück.

## Zeit zum Verweilen und Nachdenken

- *Was war mir besonders wichtig – was will ich mir bewahren?*

## Anregungen für das Gebet

„Ich will nicht den Menschen entfliehen oder ihnen ausweichen. Den Lärm und die Unrast will ich nicht hassen. Ich möchte sie in mein Schweigen aufnehmen und für dich bereit sein" (*Jörg Zink*). [4)]

*Nach dem Feuer kam ein sanftes, leises Säuseln. Als Elija es hörte, hüllte er sein Gesicht in den Mantel, trat hinaus und stellte sich an den Eingang der Höhle. Da vernahm er eine Stimme, die ihm zurief: Was willst du hier, Elija?*

1. Buch der Könige 19,12b-13

## Impuls für den Tag

Gelegentlich den Fluss des Alltags unterbrechen und innerlich still werden macht mir wieder bewusst: „Ich bin *ich*. Mein Dasein ist in sich sinnvoll. Ich werde getragen und beschenkt." Es stärkt in mir Gelassenheit und Unabhängigkeit.

- *Habe ich eine eigene Idee für diesen Tag?*

## 1. Woche – 7. Tag
## Rückblick auf die Woche

***Einstimmende Übung zur Sammlung:** **siehe S. 8-10***

***Ich rufe mir die Leitgedanken der Besinnungen in Erinnerung:***

1. Tag: „Sammlung“: sich von einer Sache ganz ausfüllen lassen.
2. Tag: „Unter Dampf?“ Entspannung und Gelassenheit.
3. Tag: „Atem des Lebens“: Erfahrungen mit dem Atem.
4. Tag: „Es darf sich etwas setzen“: bewusst sitzen – sich getragen fühlen.
5. Tag: „Anwesend oder abwesend?“
   Einübung der Gegenwärtigkeit im Hier und Jetzt.
6. Tag: „Was spricht die Stille zu mir?“
   Erfahrungen mit dem inneren Schweigen.

***Ich denke nach:***

- Was hat mich besonders angesprochen oder berührt?
- Ist mir eine besondere Erfahrung zuteil geworden?
- Hat sich etwas in meinem Leben verändert?
- Was möchte ich mir bewahren?

***Zeit zum Verweilen und Nachdenken***

### Anregungen für das Gebet

- Ich *danke* Gott für alle guten Erfahrungen, neuen Einsichten, inneres Wachstum, positive Veränderungen in meinem Verhalten...
- Ich *übergebe* Gott alles, was unbefriedigend verlaufen ist. Im Vertrauen auf Gottes Vergebung darf ich es loslassen.
- Ich *bitte* Gott um Segen und Kraft für alles, was ich mir vorgenommen habe.
  Vielleicht will ich noch in weiteren persönlichen Anliegen beten.

### Impuls für den Tag

Was war das Wichtigste, das ich in dieser Woche für meine praktische Lebensgestaltung entdeckt habe? Das vertiefe ich heute noch einmal.

# 2. WOCHE:

# DASEINS-ERFAHRUNGEN

---

## Einstimmendes Schriftwort

*Alles hat seine Stunde. Für jedes Geschehen unter dem Himmel gibt es eine bestimmte Zeit. ...*
*Ich sah mir das Geschäft an, für das jeder Mensch durch Gottes Auftrag sich abmüht. Das alles hat er schön gemacht zu seiner Zeit. Überdies hat er die Ewigkeit in ihr Herz hineingelegt, doch ohne dass der Mensch das Tun, das Gott getan hat, von seinem Anfang bis zu seinem Ende wiederfinden könnte. ...*
*Alles, was Gott tut, geschieht in Ewigkeit. Man kann nichts hinzufügen und nichts abschneiden, und Gott hat bewirkt, dass die Menschen ihn fürchten. Was auch immer geschehen ist, war schon vorher da, und was geschehen soll, ist schon geschehen, und Gott wird das Verjagte wieder suchen.*

Kohelet 3,1.10-11.14-15

# 2. Woche – 1. Tag
# Der Leib: Haus meines Daseins

***Einstimmende Übung zur Sammlung:*** ***siehe S. 8-10***

## Erfahrung und Besinnung

Mit der einstimmenden Übung haben Sie auch ein Gespür für Ihren *Leib* entwickelt: Arme und Beine, Rücken und Sitzhaltung, nicht zuletzt der Atem sind Ihnen bewusster geworden. So können Sie wirklich in Ihrem Leib leben. Er ist gleichsam das Haus Ihres Daseins. Vielleicht möchten Sie darin jetzt noch ein wenig verweilen und die „Leib-Fühlung" aus der Übung vom Anfang vertiefen.

Unsere Zeit betreibt einen ausgiebigen „Körper-Kult" – doch hat sie auch eine „Körper-*Kultur*"? Idole von körperlicher Schönheit und Jugendlichkeit werden uns ständig vor Augen geführt – manches hübsche Model aber hungert sich krank, um seine Idealfigur zu halten. Sportler werden für ihre körperlichen Höchstleistungen bewundert – der Preis ist oft frühzeitiger Ruin durch Überforderung oder gar Doping. Die Medien überschütten uns mit Wellness- und Gesundheits-Rezepten – manche machen sich selber damit verrückt und schaden sich mehr als zu nützen.

Echte Körper-Kultur weiß darum, dass der Leib eine Quelle von Lebensfreude, Kraftgefühl und Lust ist, dass Gesundheit ein hohes Gut bedeutet. Sie weiß darum, dass wir nur durch unseren Leib die Welt erfahren und gestalten können. Sie freut sich an körperlicher Aktivität, bejaht alle Kräfte des Leibes.
Doch sie weiß auch darum, dass der Leib seine Grenzen und Gebrechen hat, die *angenommen*, nicht immer nur bekämpft werden wollen. Sie weiß, dass nicht jeder Mensch eine sportliche Natur und ein traumhaftes Aussehen hat. Wir müssen uns selbst zu bejahen lernen in unserer Gewöhnlichkeit, unseren Grenzen und Behinderungen, und es verstehen, mit genau dem Leib achtsam zu leben, den ich nun einmal habe – der ich *bin!*
Sie weiß schließlich darum, dass der Leib krank werden kann, dass er altert und eines Tages stirbt. Dies gehört zum Leben und will angenommen sein.

Wie lebe ich mit meinem Leib? Hier steht eine sehr ernsthafte und selbstkritische Besinnung an:

- Erlebe ich mein „leib-haftiges“ Dasein positiv: bei körperlicher Arbeit, Wandern, Sport, Sexualität...?
- Kann ich die Signale meines Leibes wahrnehmen: seine Bedürfnisse, seine Grenzen, seine Alarmsignale?
- Sorge ich hinreichend für meine Gesundheit, doch ohne übertriebene Ängstlichkeit?
- Bejahe ich meinen Leib, so wie er ist: mein Aussehen, meine Stärken und Schwächen, vielleicht eine Behinderung?
- Wie gehe ich mit Krankheit, Alter und Tod um?

## *Zeit zum Verweilen und Nachdenken*

- *Was war mir besonders wichtig – was will ich mir bewahren?*

### Anregungen für das Gebet

*Wisst ihr nicht, dass euer Leib ein Tempel des Heiligen Geistes ist, der in euch wohnt und den ihr von Gott habt? ... Verherrlicht also Gott in eurem Leib!*

aus 1. Korintherbrief 6,19-20

Mein Leib mit allen seinen Kräften ist Geschenk Gottes an mich.

- Ich nehme dieses Geschenk an, bejahe die Stärken, aber auch die Grenzen meines Körpers, und danke meinem Schöpfer dafür.
- Ich bitte um die Fähigkeit, auch körperliche Schwäche, Krankheit, Alter und Tod bewältigen zu können.

### Impuls für den Tag

Wer meditiert, wird durch die Übungen der Leibfühlung aufmerksamer für seinen Körper. Das hilft im Alltag, die „Sprache“ des Leibes (Wohlbefinden, Spannung, Müdigkeit...) zu verstehen, und in Einklang mit ihm zu leben.

- *Habe ich eine eigene Idee für diesen Tag?*

## 2. Woche – 2. Tag
## Heilendes Loslassen

***Einstimmende Übung zur Sammlung: siehe S. 8-10***

### Erfahrung und Besinnung

Körperhaltung und Gesichtsausdruck verraten viel von unserem inneren Wesen und unserer Verfassung. Umgekehrt wirken körperliche Übungen auf den seelischen Zustand zurück. Vor allem Entspannungsübungen sind geradezu heilsam.
Die folgende „Übung des Loslassens" eröffnet eine Erfahrung damit. Verweilen Sie nach jedem Abschnitt, und spüren Sie Ihren Empfindungen nach!

Beginnen Sie mit dem *Rücken:* Neigen Sie dazu, gebeugt zu sitzen, zu stehen und zu gehen? Leiden Sie unter Rückenbeschwerden?
Es mögen die Belastungen des Lebens sein, die Sie niederdrücken. Vielleicht empfinden Sie das ganze Leben vorwiegend als Mühe und Last. Fühlen Sie sich müde und resigniert, so dass Sie gebeugt durchs Leben gehen?
Richten Sie sich jetzt auf, wie es einer meditativen Sitzhaltung entspricht. Spüren Sie die aufrichtende Kraft in der Wirbelsäule. Lassen Sie sich dann in das entspannte Gleichgewicht hineinsinken: aufrecht und gelöst zugleich. Jetzt können Sie alle Anspannung im Rücken loslassen.
*Das Leben bringt vielerlei Belastungen mit sich. Doch ich spüre neu, dass Kraft in mir ist, die mich aufrichtet. Ich bin den Anforderungen des Lebens gewachsen. Nichts muss mich beugen und niederdrücken.*

Achten Sie dann auf die *Schultern:* Neigen Sie dazu, die Schultern hochzuziehen, den Kopf zwischen ihnen zu verstecken, so dass Sie gleichsam „in Deckung gehen"? – Dahinter mag sich Angst verbergen.
Ängste lassen sich nur schwer direkt bekämpfen. Die folgende Übung kann aber entlasten: Lassen Sie die Schultern locker herabfallen; dabei atmen Sie langsam aus. Spüren Sie, wie sich die Entspannung fast von selbst über den ganzen Körper ausbreitet, und Sie sich auch innerlich entkrampfen.
*Tief sitzen manche Ängste in mir. Doch bin ich ihnen nicht hilflos ausgeliefert. Ich schüttle die Lähmung ab und schöpfe Kraft, indem ich loslasse.*

Spüren Sie nun ins *Gesicht* hinein: Nehmen Sie Anspannung auf der Stirn wahr? Beißen Sie die Zähne zusammen? – Vielleicht werden Sie von Sorgen geplagt, die die sprichwörtlichen „Sorgenfalten" auf Ihre Stirn zeichnen. Vielleicht wollen sie „verbissen" etwas durchsetzen oder festhalten.
Lösen Sie die Spannungen im Gesicht, vor allem um die Mundpartie und auf der Stirn. Spüren Sie, wie gelöst, heiter und freundlich Ihr Gesicht dabei wird. *Meine Sorgen müssen mich nicht beherrschen. Nichts muss ich verbissen erkämpfen oder festhalten. Ich lasse mich los ins Vertrauen zum Leben, ja ins Vertrauen zu Gott hinein.*

## Zeit zum Verweilen und Nachdenken

- *Was war mir besonders wichtig – was will ich mir bewahren?*

### Anregungen für das Gebet

*Werft alle eure Sorge auf den Herrn, denn er kümmert sich um euch.*

1. Petrusbrief 5,7

Am tiefsten kann ich mich loslassen, wenn ich mich in *Gott* hinein loslasse: in seine Gegenwart, seine Liebe, seine Sorge für mich – in einer Haltung der Hingabe und des Vertrauens.

Aufmerksam spreche ich das Hingabe-Gebet des *hl. Niklaus von Flüe:*

*„Mein Herr und mein Gott, nimm alles von mir, was mich hindert zu dir.*
*Mein Herr und mein Gott, gib alles mir, was mich fördert zu dir.*
*Mein Herr und mein Gott, nimm mich mir und gib mich ganz zu Eigen dir."*

*Niklaus von Flüe;* Gotteslob Nr. 9/5

### Impuls für den Tag

Wenn Angst oder eine angespannte Situation auftauchen, hilft eine Schnell-Entspannung: Schultern fallen lassen, dabei langsam ausatmen. Von den Schultern aus strömt die Entspannung in den gesamten Körper.

- *Habe ich eine eigene Idee für diesen Tag?*

## 2. WOCHE – 3. TAG
## „WER OHREN HAT, DER HÖRE!"

***Einstimmende Übung zur Sammlung:*** ***siehe S. 8-10***

### Erfahrung und Besinnung

Wir leben in einer Zeit, die uns mit Bildern überflutet: Werbung, Fernsehen, Illustrierte... – alles spricht zuerst das Auge an. Die Qualitäten des Ohrs bleiben unterentwickelt.
Dabei sind unsere Ohren den Augen in manchem überlegen! Immer sind sie offen. Wir hören auch in dunkler Nacht. Blinde orientieren sich erstaunlich gut nach dem Gehör. Wir hören, was (den Augen verborgen) hinter uns oder jenseits einer Wand geschieht. Das Ohr dringt auch in die Tiefe: Der Arzt „horcht den Patienten ab" und erkennt dabei, was innerhalb des Körpers vorgeht.
Durch Hören lernen wir zu sprechen. In Worten bilden wir Begriffe, erfassen wir denkend die Welt.
Zugleich ist die Sprache der wichtigste Weg, uns zu verständigen. Jedes Gespräch braucht das *Zuhören*, sonst redet man aneinander vorbei. Im einfühlenden Zuhören liegt eine seelisch heilende Kraft; Therapeuten wissen darum. Einander verständnisvoll zuzuhören, ermöglicht tiefste menschliche Begegnung.
Eine Sprache, die direkt unsere Gefühle anspricht, ist die Musik. Über alle Grenzen hinweg können Menschen sie verstehen, weil sie „zu Herzen geht".

Wie das Ohr tief in den Kopf hinein reicht, kann aufmerksames Hören „in die Tiefe", zur Verinnerlichung führen.
Schließen Sie die Augen und *hören* Sie nur. Was nehmen Sie wahr? Zuerst wohl Laute aus Ihrer Umgebung. Erstaunlich, was man alles entdecken kann, wenn man richtig still ist! Immer leisere Geräusche werden hörbar – die Ohren gehen umso mehr auf, je stiller es ist. Vielleicht können Sie am Ende durch alle Geräusche hindurch in die *Stille* hineinhorchen, die hinter jedem Laut ruht.
*Was höre ich, wenn ich „nichts" höre? Meine Ohren sind dann keineswegs taub! Sie lauschen der Stille...*

## *Zeit zum Verweilen und Nachdenken*

> ➢ *Was war mir besonders wichtig – was will ich mir bewahren?*

### Anregungen für das Gebet

„Das Ohr ist der Weg zu Gott“, sagt eine indische Weisheit. Wer immer nur „glauben will, was er sieht“, wird nie an etwas glauben lernen. Das „Wort Gottes“ stellt *die* Brücke zwischen Gott und Mensch dar. *„Höre, Israel!“*, mahnt Mose das Volk. „Rufer“ (hebräisch: *„nabi“*), die selbst von Gott „berufen“ wurden, sind die Propheten. Paulus betont, dass der Glaube aus dem Hören des Evangeliums erwächst (vgl. Römerbrief 10,17-18). Das Johannes-Evangelium nennt Jesus den *„Logos“: „das* Wort“ Gottes. *„Wer Ohren hat, der höre!“*, bekräftigt Jesus oft seine Rede.
Im Hören auf Gottes Wort wird der Mensch „ge-*hor*-sam“: nicht in sklavischer Unterwerfung, sondern indem er hört und antwortet. Ein „hörendes Herz“ erbittet sich König Salomo als Inbegriff der Weisheit (vgl. 1. Buch der Könige 3,9).

Lesen Sie das folgende Schriftwort nicht nur, sondern sprechen Sie es sich laut vor, so dass Sie es wirklich *hören!* Lassen Sie es auf sich wirken. So wird es „Wort Gottes – heute für mich“.

*Höre, Israel! Der HERR, unser Gott, der HERR ist einzig. Darum sollst du den HERRN, deinen Gott, lieben mit ganzem Herzen, mit ganzer Seele und mit ganzer Kraft. Und diese Worte, auf die ich dich heute verpflichte, sollen auf deinem Herzen geschrieben stehen.*

Deuteronomium 6,4-6

### Impuls für den Tag

- Das Hören neu lernen, indem ich mir Zeit nehme, z.B. auf die Stimmen der Vögel, das Plätschern eines Baches, ein Musikstück... zu hören.
- In Begegnungen den anderen Menschen aufmerksam zuhören.

> ➢ *Habe ich eine eigene Idee für diesen Tag?*

## 2. Woche – 4. Tag
## Getragen sein – Vertrauen

***Einstimmende Übung zur Sammlung: siehe S. 8-10***

### Erfahrung und Besinnung

Viele Menschen leben einfach in den Tag hinein, wollen den Augenblick auskosten. Diese Haltung hat ihren Sinn – wenn sie bewusst geübt wird und einer reifen Lebensbejahung entspringt. Sie sollte unterfangen sein vom Wissen um die Kräfte, die uns tragen. Bleibt sie zu oberflächlich, zerbricht sie leicht an Schwierigkeiten und Enttäuschungen. Unversehens steht ein Mensch wie vor einem bodenlosen Abgrund.
Die folgende Übung geht dem nach, was uns trägt.

Erspüren Sie im Sitzen den Kontakt zum Stuhl und zum Boden. (Wenn Sie ohne Stuhl am Boden sitzen, denken Sie die Anleitung entsprechend um.) Nehmen Sie den Kontakt zur Sitzfläche wahr, dann zur Rückenlehne. Achten Sie darauf, wo Sie etwas berühren und wo nicht. Lassen Sie sich von Ihrem Sitz tragen.
Spüren Sie von der Sitzfläche aus entlang den Beinen nach unten. Nehmen Sie wahr, wie Ihre Füße den Boden berühren. Sie können in den Boden hineinspüren, sich darin verwurzeln. Der Boden trägt Sie. Seiner Festigkeit dürfen Sie sich anvertrauen. Verweilen Sie bei diesem Empfinden.
Der Boden, der Sie trägt, gehört zu dem Haus, in dem Sie daheim sind. Es gibt Ihnen Geborgenheit. Das Haus wiederum ist in die Erde gegründet, wird von ihr getragen. Um das Haus herum dehnt sich das feste Land, auf dem wir Menschen leben können. Die Erde trägt uns.
Schließlich können Sie in Ihrer Vorstellung noch weiter ausgreifen und sich die ganze Erdkugel vorstellen, wie sie ihren Weg durch das Weltall beschreibt. Sie irrt nicht ziellos dahin, sondern bewegt sich auf einer festen Bahn, gehalten von kosmischen Kräften. Selbst in diesen großen Dimensionen werden wir gehalten und getragen.

Wissen Sie sich auch in Ihrem Leben getragen? Vielleicht erinnern Sie sich an bestimmte Situationen:

- In einem schwierigen Augenblick haben Sie, wie geleitet von einer Eingebung, das getan, was sich als richtig erwies.
- Als Sie nicht mehr weiter wussten, waren Menschen da, die Sie begleitet und Ihnen Halt gegeben haben.
- Sie gerieten in Gefahr, vielleicht in Lebensgefahr, und spürten, wie Ihnen aus einer geheimnisvollen Quelle Mut und Kraft zuflossen, der Situation zu begegnen, statt in Lähmung zu verfallen. Vielleicht haben glückliche Umstände Sie gerettet.
- Manche blicken auf eine Zeit zurück, als sie über sich selbst verzweifelt waren, und das Leben nur ein dunkles Loch zu sein schien. In der tiefsten Erschütterung aber floss ihnen eine Gewissheit zu: Da ist jemand, der mich unbedingt bejaht und liebt, der mich über alle Abgründe trägt, in dessen Hand ich geborgen bin. Das wurde ihre persönliche Gottesbegegnung.

## *Zeit zum Verweilen und Nachdenken*

➢ *Was war mir besonders wichtig – was will ich mir bewahren?*

### Anregungen für das Gebet

- Ich danke Gott für jene Situationen meines Lebens, in denen ich mich als gehalten und getragen erfahren habe.
- Ich bitte um tieferes Vertrauen zu Gott und zugleich zum Leben. Vertrauen kann ich nicht willentlich erzeugen – es muss geschenkt werden. Dafür öffne ich mich.

### Impuls für den Tag

Immer wieder aufmerksam sitzen oder stehen und sich einwurzeln in den Boden, der mich trägt. Er weist hin auf den letzten tragenden Grund: auf Gott.

➢ *Habe ich eine eigene Idee für diesen Tag?*

## 2. WOCHE – 5. TAG
## ZEIT IST LEBEN

***Einstimmende Übung zur Sammlung: siehe S. 8-10***

### Erfahrung und Besinnung

„Wie spät ist es?“ – Wie oft am Tag schauen wir auf die Uhr! Die Zeit, die vergeht, hat uns alle im Griff. Meistens vergeht sie uns viel zu schnell. Zeitnot und Hektik sind typische Erscheinungen der modernen Welt. Methoden, um die Zeit besser zu planen und Zeit zu sparen, stehen daher hoch im Kurs.

In seinem Buch „Momo“ erzählt *Michael Ende*[5)] eine symbolträchtige Geschichte von Zeitdieben, den „grauen Herren“. Sie verleiten Menschen dazu, mit allen Mitteln Zeit zu sparen. Die Leute werden dadurch immer betriebsamer – und haben plötzlich gar keine Zeit mehr! Die vermeintlich „gesparte“ Zeit ist in Wahrheit *verlorene* Zeit, weil man nicht mehr mit Ruhe und Gelassenheit lebt. Auch die Menschen entfremden sich dadurch voneinander.
*Zeit ist Leben!* Deshalb kann man Zeit gar nicht sparen, um mehr Zeit zu gewinnen – man kann nur in und mit der Zeit leben.
*Michael Ende* fasst diese Weisheit in das Bild von den „Stundenblumen“: Jede Stunde unseres Lebens erblüht und verblüht gleich einer Blume. Solange sie da ist, können wir uns an ihr erfreuen. Dann vergeht sie. Sofort jedoch erblüht eine neue „Stundenblume“, schöner noch als die vergangene. Ihr sollen wir uns zuwenden, ohne der alten nachzutrauern.

Wer seine Zeit wirklich zu *leben* versteht, *gewinnt* sein Leben. Er ist bewusst da in dem, was die jeweilige Stunde bringt, „er-lebt“ wirklich, was geschieht, und freut sich einfach an seiner „Stundenblume“.
Das meint nicht, bloß in den Tag hinein zu leben. Auch Arbeit und Pflichten etwa sind ja, sobald sie anstehen, Bestandteil der gegenwärtigen Stunde. Wenn ich sie bejahe und darin lebe, statt darüber zu stöhnen, werden auch sie zu gelebter, mit Sinn erfüllter Zeit: zu „Stundenblumen“.
„Zeit zu haben“ hat also nicht so sehr mit viel oder wenig Beschäftigung zu tun, eher mit der Einstellung zur Zeit. Wenn ich mich auf jede Stunde bereitwillig, gelassen und achtsam einlasse, spüre ich: Die Zeit, obwohl sie ver-

rinnt, geht nicht verloren – bewusst gelebte Zeit ist *gewonnene* Zeit. So „blüht die Stundenblume“ für mich.
Die schönste „Stundenblume“ ist gewiss die Zeit, die ich mit anderen in vertrauter Gemeinschaft verbringen darf. Zeit, die ich anderen schenke, ist Liebe! Dafür sollte auch im vollsten Terminkalender noch Raum bleiben...

Versuchen Sie, während der folgenden Minuten die Zeit bewusst wahrzunehmen. Verweilen Sie, erspüren Sie das Dahinfließen der Zeit, und wie Sie dabei lebendig sind. Genießen Sie es, eine Weile einfach zu *sein* – ohne etwas tun oder leisten zu müssen.

## *Zeit zum Verweilen und Nachdenken*

- *Was war mir besonders wichtig – was will ich mir bewahren?*

### Anregungen für das Gebet

Die Zeit meines Lebens ist Geschenk Gottes an mich. Aus der Hand des Schöpfers strömt mir immer neu meine Zeit zu. Ich nehme sie an, aufmerksam und dankbar, und preise Gott für jede „Stundenblume“, die er für mich blühen lässt.

### Impuls für den Tag

*Alles hat seine Stunde. Für jedes Geschehen unter dem Himmel gibt es eine bestimmte Zeit.*

Kohelet 3,1

Ich suche meine Stunden eine nach der andern gesammelt zu leben, ohne mich hetzen zu lassen. Immer kann ich nur *eine* Sache tun – diese aber *ganz*. So wird jede Situation zur „Stundenblume“, zur Quelle von Lebensfreude und Lebenssinn.

- *Habe ich eine eigene Idee für diesen Tag?*

## 2. Woche – 6. Tag
## Lebens-Räume

***Einstimmende Übung zur Sammlung: siehe S. 8-10***

### Erfahrung und Besinnung

Spüren Sie aus der einstimmenden Übung heraus, mit geschlossenen Augen, weiter Ihrem Atem nach. Nehmen Sie wahr, wie seine Bewegung den inneren Raum Ihres Leibes erfüllt. Erspüren Sie die Ausmaße dieses inneren Raumes: Brust- und Bauchraum.
Vom Rumpf aus können Sie dann weiter hineinspüren in den inneren Raum der Beine, dann der Arme; schließlich durch den Hals in den Raum des Kopfes. So nehmen Sie die Ausmaße Ihres gesamten Körpers wahr. – Dieser innere Raum ist nicht leer. Hier arbeiten Ihre Organe. Er steckt voller Leben.
Öffnen Sie dann die Augen und blicken in den Raum, der Sie umgibt. Sie sehen das Zimmer, in dem Sie meditieren. Auch hinter Ihnen ist Raum; obwohl Sie ihn nicht sehen, können Sie sich seiner bewusst werden.
Schicken Sie schließlich Ihre Vorstellungskraft aus und werden Sie sich der Räume bewusst, die Sie außerhalb Ihres Zimmers umgeben: das ganze Haus; die Ortschaft, in der es steht; die umgebende Landschaft. Erspüren Sie die Weite des Raumes. Dies ist unser menschlicher Lebens-Raum.

Lebensräume werden von uns Menschen gestaltet – und zwar auf höchst unterschiedliche Weise: Vergleichen Sie z.B. eine Plattenbau-Siedlung mit einem Fachwerkdorf... Wir eignen uns den Raum an und prägen ihn. Raum, in dem jemand lange zu Hause ist, wird zur Heimat.
Seinen persönlichen Lebensraum (Wohnung, Garten, Arbeitsplatz...) formt jeder Mensch auf individuelle Weise: Die Einrichtung, Bilder an der Wand, die Art der Ordnung (oder auch Unordnung), Farben und Licht – sie bringen viel von ihm selbst zum Ausdruck.

Wie habe *ich* meine Wohnung gestaltet? Was wird darin sichtbar von meiner Persönlichkeit, meinem Lebensstil, ggf. vom gemeinsamen Lebensstil meiner Familie, meiner Mitbewohner/innen? Bin ich damit zufrieden? Ist es gelungen, die Wohnung angenehm, auch einladend für andere einzurichten?

Gibt es in meinem Lebensraum auch Raum für *Gott?* Merkt man, dass hier ein glaubender Mensch wohnt? Spiritualität kann sich in einer gewissen Harmonie des Lebensstils, der gestalteten Umgebung äußern – nicht nur in sichtbar religiösen Symbolen oder Bildern!
„Gott wohnt, wo man ihn einlässt“, sagt eine jüdische Weisheit. Damit Gott buchstäblich „Raum gewinnt“ in meinem Leben, muss ich ihm Zeit „einräumen“ – und die Bereitschaft, auf seine Eingebungen zu hören, gegebenenfalls eigene Interessen seinem Ruf hintanzustellen.

## *Zeit zum Verweilen und Nachdenken*

- *Was war mir besonders wichtig – was will ich mir bewahren?*

### Anregungen für das Gebet

*Der Herr sprach zu Abram: Geh fort aus deinem Land, aus deiner Verwandtschaft und aus deinem Vaterhaus in das Land, das ich dir zeigen werde! Ich werde dich zu einem großen Volk machen, dich segnen und deinen Namen groß machen. Ein Segen sollst du sein.*

Genesis 12,1-2

- Ich danke Gott für den Raum zum Leben, der mir zuteil geworden ist: meine Heimat, mein Haus, meine Wohnung... Besonders danke ich dafür, dass ich diesen Raum in Frieden und Sicherheit bewohnen darf.
- Ich bitte ihn, in diesem meinem Lebensraum selbst Wohnung zu nehmen, ihn zu segnen und allen Unfrieden daraus zu verbannen.

### Impuls für den Tag

Ein aufmerksamer Blick in meine Wohnung: Vielleicht fällt mir das eine oder andere auf, um sie schöner, wohnlicher, einladender zu gestalten.

- *Habe ich eine eigene Idee für diesen Tag?*

## 2. Woche – 7. Tag
## Rückblick auf die Woche

***Einstimmende Übung zur Sammlung:*** ***siehe S. 8-10***

***Ich rufe mir die Leitgedanken der Besinnungen in Erinnerung:***

1. Tag: Der Leib: Haus meines Daseins.
2. Tag: „Heilendes Loslassen“: sich entspannen und dabei loslassen, was seelisch belastet.
3. Tag: „Wer Ohren hat, der höre!“ Erfahrungen mit dem Hören.
4. Tag: Getragen sein – vertrauen.
5. Tag: Zeit ist Leben: meine Zeit bewusst leben und sie so gewinnen.
6. Tag: Lebens-Räume: innerer und äußerer Raum; Gestaltung meines Lebensraumes.

***Ich denke nach:***

- Was hat mich besonders angesprochen oder berührt?
- Ist mir eine besondere Erfahrung zuteil geworden?
- Hat sich etwas in meinem Leben verändert?
- Was möchte ich mir bewahren?

***Zeit zum Verweilen und Nachdenken***

### Anregungen für das Gebet

- Ich *danke* Gott für alle guten Erfahrungen, neuen Einsichten, inneres Wachstum, positive Veränderungen in meinem Verhalten...
- Ich *übergebe* Gott alles, was unbefriedigend verlaufen ist. Im Vertrauen auf Gottes Vergebung darf ich es loslassen.
- Ich *bitte* Gott um Segen und Kraft für alles, was ich mir vorgenommen habe.
  Vielleicht will ich noch in weiteren persönlichen Anliegen beten.

### Impuls für den Tag

Was war das Wichtigste, das ich in dieser Woche für meine praktische Lebensgestaltung entdeckt habe? Das vertiefe ich heute noch einmal.

# 3. WOCHE:

# TIEFEN-ERFAHRUNGEN

---

## Einstimmendes Schriftwort

*Da sagte Mose zu Gott: Gut, ich werde also zu den Israeliten kommen und ihnen sagen: Der Gott eurer Väter hat mich zu euch gesandt. Da werden sie mich fragen: Wie heißt er? Was soll ich ihnen sagen?*
*Da antwortete Gott dem Mose: Ich bin, der ich. Und er fuhr fort: So sollst du zu den Israeliten sagen: Der Ich-bin hat mich zu euch gesandt.*
*Weiter sprach Gott zu Mose: So sag zu den Israeliten: Der HERR, der Gott eurer Väter, der Gott Abrahams, der Gott Isaaks und der Gott Jakobs, hat mich zu euch gesandt. Das ist mein Name für immer und so wird man mich anrufen von Geschlecht zu Geschlecht.*

Exodus 3,13-15

## 3. WOCHE – 1. TAG
## „ICH BIN“ – WUNDER DES DASEINS

***Einstimmende Übung zur Sammlung: siehe S. 8-10***

### Erfahrung und Besinnung

Was erscheint uns am selbstverständlichsten? Dass es uns gibt, dass wir da sind. Worüber denken wir am wenigsten nach? Über unser eigenes Dasein – eben weil es uns so selbstverständlich ist. Und doch birgt unser bloßes Dasein erstaunliche Geheimnisse in sich!

Sammeln Sie sich noch einmal, und richten Sie Ihre Aufmerksamkeit auf sich selbst. Nehmen Sie wahr, wie Sie atmen ... wie Ihr Herz schlägt und das Blut in den Adern pulsiert ... Spüren Sie Ihren Leib und die Tätigkeit Ihrer Sinne: wie Sie sehen, hören, fühlen ... Achten Sie auch auf Ihr geistiges Leben: Gedanken, Bewusstsein ...
*Ich lebe. Ich existiere, ich bin da. Das ist wirklich.*
Es kann zur überwältigenden Erfahrung werden, so in die Wirklichkeit des eigenen „Da-Seins“ einzutauchen! Verweilen Sie dabei.

Was kann mir aufgehen, wenn ich mich in mein Dasein vertiefe? Vielleicht folgendes (oder wenigstens einiges davon):

- Es ist gut, dass ich da bin. Es ist schön zu leben. Ich gelange zu einem Einklang mit meinem Dasein. Es hat einen Wert, eine Bedeutung, die in ihm selbst liegt. Meine Existenz gewinnt nicht erst Bedeutung durch das, was ich tue, erlebe, leiste usw. Das Leben liegt vor allen Lebensäußerungen, das Sein vor jedem Daseinsvollzug – es trägt Sinn in sich.
- Das kann mich frei machen von der heute so verbreiteten Jagd, immer mehr haben oder erleben zu wollen. Glück liegt nicht im Haben, sondern im Dasein selbst. Die Konsumgesellschaft gaukelt uns vor, wir müssten immer mehr leisten, damit wir uns immer mehr leisten können, um glücklich zu sein. In Wirklichkeit macht nicht die grenzenlose Ausweitung unserer Bedürfnisse glücklich (sie macht hektisch und unzufrieden, weil man ja doch nie alles haben kann), sondern die Begrenzung der Bedürfnisse auf Weniges, aber Wesentliches, das ich dann wirklich auskosten kann.

*Ist nicht das Leben mehr als die Nahrung und der Leib mehr als die Kleidung? ... Wer von euch kann mit all seiner Sorge sein Leben auch nur um eine kleine Spanne verlängern?*

Matthäus-Evangelium 6,25b.27

- Das Dasein will angenommen und bejaht werden. Nur scheinbar fällt dies leicht. Das Leben bringt auch Dunkelheiten, Enttäuschungen, Leiden. Es ist vergänglich; der Tod überschattet alles. Ein reifes Ja zum Leben schließt dies mit ein.
  Viele leben in ewiger Unzufriedenheit. Sie können weder das Leben noch sich selbst annehmen, kämpfen ständig gegen irgendetwas. Indem ich mein Dasein meditiere, kann in mir ein gelassenes Ja zum Leben, so wie es ist, wachsen. Ich „mache" das nicht – es wird mir geschenkt aus tieferen Quellen heraus.

### *Zeit zum Verweilen und Nachdenken*

➢ *Was war mir besonders wichtig – was will ich mir bewahren?*

### Anregungen für das Gebet

Ich bin nicht einfach nur da. Mein Dasein wird mir *geschenkt*. Ich bin Geschöpf Gottes. Er „lässt mich sein" (im Sinne des Wortes).
Aus Gottes Hand nehme ich mein Dasein an. Ich danke ihm für die Gabe des Lebens. Ich sage „ja" dazu mitsamt seinen lichten und dunklen Seiten, zu Leben und Tod – und lege alles Hadern damit ab, alle Auflehnung und Verbitterung, alle untergründige Lebensverneinung...

### Impuls für den Tag

Meist plätschert das Leben eher an der Oberfläche dahin. Zuweilen aber mag jene „Tiefe des Seins" aufblitzen, die wir meditiert haben: *Dies ist Wirklichkeit. Ich lebe, ich existiere.* Sinn und Fülle liegen darin.

➢ *Habe ich eine eigene Idee für diesen Tag?*

## 3. WOCHE – 2. TAG
## REICHTUM INNEREN LEBENS

***Einstimmende Übung zur Sammlung: siehe S. 8-10***

### Erfahrung und Besinnung

„Tu das ... kaufe jenes ... kümmere dich um mich ... geh dort hin ... wann bist du endlich fertig ... das musst du unbedingt sehen ...“ Was stürmt nicht alles den Tag über auf uns ein und nimmt uns in Anspruch! Die meisten leben darum nach draußen gewandt, ja „außen-gesteuert“. Selten blicken sie in sich hinein.
Dabei lebt doch in mir eine ganze geistige Welt voll unerschöpflichen Reichtums! Fast möchte man sagen: Innen ist ebenso viel Raum wie draußen.

Was entdecke ich, wenn ich in diese „innere Welt“ hineinschaue?

- Da sind meine *Gedanken.* Ständig geht mir etwas durch den Kopf. Ich suche Fragen und Probleme zu lösen, schmiede Pläne, beschäftige mich mit meinen Aufgaben. Auch wenn ich „an gar nichts“ denke, laufen trotzdem spontane Gedankenverbindungen ab.
- Da sind meine *Erinnerungen.* Ein wahres „Bergwerk der Erinnerungs-Bilder“ lagert in mir, in das ich immer tiefer vorstoßen und dabei meine Lebensgeschichte erkunden und besser verstehen kann.[6)] Manchmal drängen Erinnerungen mächtig ins Bewusstsein.
- Da sind meine *Gefühle.* Ich „habe ein Herz“, lasse mich berühren von Freude und Trauer, Zu- und Abneigung, Zorn und Liebe, Anteilnahme am Schicksal anderer... Gefühle können mich überwältigen. Doch ein Leben ohne sie wäre blutleer.

Welche Vielfalt! Was für ein Reichtum! Ich verweile ein wenig im Betrachten meiner inneren Welt.

Selten nur bekommen *andere* Anteil daran. Ist mir klar, dass in *jedem* Menschen eine solche geistige Welt mit vergleichbarem Reichtum lebt? Wenn diese Welten sich füreinander öffnen, geschieht tiefe persönliche Begegnung. Das gelingt nicht leicht – in der Regel nur gegenüber Menschen, die mir nahe stehen und zu denen ich volles Vertrauen habe. Ich muss sicher sein, dass der andere meine Offenheit nicht missbraucht, mich nicht verletzt – und muss ihm das gleiche Gefühl der Sicherheit vermitteln.

Dazu hilft es:
- wenn ich aufmerksam und einfühlend zuhöre;
- wenn ich den andern zu verstehen suche auch in seinen Gefühlen;
- wenn ich ihn so annehme, wie er denkt und empfindet, nichts kritisieren, nichts ändern, ihm nichts einreden oder ausreden will.

Zudem muss es der rechte Augenblick sein – wir sind nicht jederzeit dafür bereit.

Gelingt aber ein offenes Gespräch, ein „Austausch der Seelen", ereignet sich eine Sternstunde menschlicher Begegnung! Die „inneren Welten" berühren sich. Menschen fühlen sich tief vertraut, ja eins miteinander.
Es kostet Mühe und oft einen „Sprung über den eigenen Schatten". Doch es lohnt, Begegnungen solcher Art zu suchen: in der Familie, mit guten Freunden, in einer Glaubensgemeinschaft...

## *Zeit zum Verweilen und Nachdenken*

➢ *Was war mir besonders wichtig – was will ich mir bewahren?*

## Anregungen für das Gebet

Ich denke an die Menschen, mit denen ich Augenblicke tiefer Nähe und geistiger Einheit teile. Für sie bete ich und empfehle sie dem Schutz Gottes. Ich verweile in der Liebe zu ihnen – dankbar dafür, dass sie mir geschenkt wurden.

## Impuls für den Tag

- Gegen die äußere „Reiz-Überflutung" kann ich mich gelegentlich in mein inneres Leben zurückziehen.
- Nicht jeder Tag ermöglicht die tiefsten menschlichen Begegnungen. Könnte dennoch heute ein „rechter Augenblick" dafür kommen? Mit wem?

➢ *Habe ich eine eigene Idee für diesen Tag?*

## 3. Woche – 3. Tag
## „Ich bin ich“ – Geheimnis der Person

***Einstimmende Übung zur Sammlung: siehe S. 8-10***

### Erfahrung und Besinnung

Menschen unserer Zeit bewegen sich in sehr unterschiedlichen Lebenswelten: Familie – Arbeitswelt – Sportverein – Kirchengemeinde – Politik usw. Manchmal gewinnt man den Eindruck, in jeder dieser Welten sich anders verhalten zu müssen, anderen Werten zu folgen, ja: jedes Mal fast ein anderer Mensch zu sein. Fragen Sie sich nicht selbst zuweilen: Wer bin ich denn wirklich?

*Wer bin ich?* Auf diese Frage genügt es nicht zu beschreiben, wie ich aussehe, was ich kann, was ich erlebt oder geleistet habe... Das bliebe äußerlich. Näher zu meiner „Identität“, meinem eigenen Wesen, gehören da schon mein Charakter, meine persönlichen Beziehungen, meine Werte und Ideale, mein Glaube... Menschen, die mir nahe stehen, könnten sagen, was ich ihnen bedeute, und was sie an mir schätzen.
Dahinter aber liegt noch etwas Tieferes: das Geheimnis meiner Person, meines „Selbst“. In mir gibt es eine „innere Mitte“, von der aus ich *„ich“* sagen kann. Von ihr aus erlebe ich alles, was auf mich einströmt. Aus ihr heraus treffe ich meine ganz persönlichen Entscheidungen und Wertungen.
Diese „innere Mitte“ ist nie recht zu fassen, und entzieht sich dem Zugriff der Wissenschaften. Sie erschließt sich nur der eigenen Innenschau. Auch lässt sie sich nicht genauer beschreiben. Ich kann nur sagen: *„Ich bin ich!“*
Wie gut, dass dieses Innerste meiner Person sich jedem Zugriff entzieht! So bleibt es mein kostbarstes Geheimnis. Hier, in meiner Mitte, bin ich eins mit mir selbst. Da kann ich kaum beeinflusst oder gar manipuliert werden. In ihr wurzeln meine Identität, meine Freiheit, meine Menschenwürde.

Die folgende Übung leitet dazu an, jenem Geheimnis nachzuspüren:

Suchen Sie noch einmal die innere Sammlung. Atmen Sie ruhig, in die Tiefe, und lassen sich körperlich und geistig los. Schließen Sie die Augen – nichts, was draußen ist, soll jetzt stören. Dann blicken Sie nach innen, in Ihren Geist hinein. Was nehmen Sie wahr?

*Zuerst die Vielfalt der eigenen Gedanken. Immer ist der Geist in Bewegung. Gedanken, Erinnerungen, Bilder, Gefühle usw. strömen durch meinen Kopf. Doch bin das schon ich selbst? Gewiss gehört dies alles zu mir – doch stellt es eher ein „Produkt" meines Geistes dar, als dass es schon die eigentliche Mitte meiner Person wäre.*

Versuchen Sie nun, noch tiefer in sich hinein zu schauen. Lösen Sie sich von den unablässig kreisenden Gedanken. Suchen Sie jene „innere Mitte", von der aus Sie „ich" sagen. Diese Mitte ist nirgends genau zu lokalisieren. An einer inneren Stille und am Gefühl, ganz bei sich zu sein, spüren Sie, dass Sie darin eingetaucht sind.
*Jetzt bin ich ganz bei mir, eins mit mir selbst. Ich erfahre das Geheimnis meiner Person, meiner Freiheit, meiner menschlichen Würde. Ich bin mir ganz meiner selbst bewusst.*
Dies kann zu einer tiefen Erfahrung führen, ganz und heil zu sein. Verweilen Sie darin. Suchen Sie dorthin zurückzukehren, wenn das Vielerlei der Gedanken Sie wieder einholt. Ruhen Sie in Ihrer Mitte.

## *Zeit zum Verweilen und Nachdenken*

- *Was war mir besonders wichtig – was will ich mir bewahren?*

## Anregungen für das Gebet

Vielleicht spüren Sie es spontan: In meiner innersten Mitte bin ich zugleich *Gott* sehr nahe. Mein „Herz" liebt seinen Schöpfer, und möchte in ihm seinen Frieden finden. Darin zu verweilen ist ein Gebet, tiefer als alle Worte.

## Impuls für den Tag

Aus der Erfahrung meiner Mitte gehe ich „selbst-bewusst" in den Tag, kann „innen-gesteuert" leben und handeln. Der Zerspaltenheit zwischen den Lebensbereichen setze ich entgegen: „Ich bin *ich!"* So bleibe ich mir selbst treu.

- *Habe ich eine eigene Idee für diesen Tag?*

## 3. WOCHE – 4. TAG
## IM FLUSS DER ZEIT

***Einstimmende Übung zur Sammlung: siehe S. 8-10***

### Erfahrung und Besinnung

Ein neuer Tag hat begonnen. Wieder wurde mir die Zeit zum Leben geschenkt. Ist es nicht ein Wunder, wie uns Tag für Tag, Augenblick für Augenblick, Zeit zufließt – aus einer geheimnisvollen Quelle heraus?
Ich spüre diesem Fließen der Zeit nach.

Die Zeit stellt ein tiefes Rätsel dar. Niemandem ist es je gelungen, sie wirklich zu erklären. Doch sie beherrscht alles. So viel darf man wohl sagen: Zeit bedeutet Leben und Lebendigkeit; sie bewirkt, dass unser Dasein sich *ereignet*. Alles, was existiert, ist nicht einfach nur da – es *geschieht*.
Die Zeit gleicht einem Strom: Sie fließt uns zu, tritt ins Licht der Gegenwart, dann verrinnt sie und wird Vergangenheit.

In anderer Perspektive erscheint das Leben wie eine Reise *mit* dem Strom der Zeit. Ich komme aus der *Vergangenheit*. Sie ist vorbei, doch wirkt sie mächtig nach: Sie füllt mich mit Erinnerungen und Prägungen. Manche davon tragen mich, andere würde ich lieber vergessen. Doch *alle* Erfahrungen meiner Vergangenheit sind ein Teil von mir.
Wirklich *da* bin ich nur in der *Gegenwart*. Hier und jetzt lebe ich, bin ich meiner selbst bewusst. Diese Erfahrung der Gegenwärtigkeit ist eines der tiefsten Geheimnisse der Zeit. Denn die Gegenwart ist eigentlich nur eine Grenzlinie zwischen Vergangenheit und Zukunft – eine Grenzlinie, die unaufhaltsam vorrückt. Was jetzt ist, wird im nächsten Augenblick Vergangenheit. Erscheint darum das Leben oft so flüchtig?
Manchen Augenblick würde ich wohl gern festhalten: „Verweile doch, du bist so schön!“ [7)] Doch es ist nicht möglich. Ich muss *loslassen*, um mich immer neu auf die Zukunft *einzulassen*.
Die *Zukunft* ist unbekannt und noch offen. Manchmal wirkt sie als dunkle Bedrohung. Dann wieder ist sie voll Hoffnung, voller grenzenloser Möglichkeiten. Ich kann sie noch gestalten. Sie birgt die Chance, zu *wachsen* und zu *werden*.

Wohl dem, der entschlossen seine Zukunft in die Hand nimmt! Doch kann das immer nur vom gegenwärtigen Augenblick aus erfolgen.
Leben im Strom der Zeit bedeutet *Veränderung*. In jedem Fall ist es besser, den ständigen Wandel zu bejahen und *mit* ihm zu leben, statt ihn zu beklagen.

Manchmal gelingt es, sich ganz in das Strömen der Zeit hineinzugeben. Ich werde eins mit dem, was ich tue oder was geschieht, und vergesse alles andere. Glücksforscher nennen diesen Zustand *„Flow"* (englisch „Fließen"). Er kann sich einstellen bei intensiven Erlebnissen, tiefen Begegnungen, doch auch bei konzentrierter, kreativer Arbeit. Machbar ist er nicht; am ehesten schenkt er sich dem, der sein Leben und seine Tätigkeiten liebt und mit Hingabe vollzieht. Dies sind die erfülltesten Zeiten!

### *Zeit zum Verweilen und Nachdenken*

- *Was war mir besonders wichtig – was will ich mir bewahren?*

### Anregungen für das Gebet

Wohin mündet meine Reise mit dem Strom der Zeit? In der *Ewigkeit* – wie wir glauben, nicht im Leeren, sondern einer Erfüllung in Gott. Der Tod erscheint so wie die Ernte des Lebens, wo eine reife Frucht vom Baum fällt – zurück in die Hand des Schöpfers.
Dankbar nehme ich aus Gottes Hand die Zeit an, die er mir täglich zufließen lässt. Ich bete um Mut und Zuversicht, mich dem Leben anzuvertrauen und voll Hoffnung in diesen Tag zu gehen. Am Abend lege ich den Tag in seine Hand zurück.

### Impuls für den Tag

Ich achte auf Augenblicke, die es mir leicht machen, mich ganz in das hineinzugeben, was geschieht. Sie können zu Momenten tiefen Glücks werden, wo ich aufgehe im Fließen der Zeit – des Lebens.

- *Habe ich eine eigene Idee für diesen Tag?*

# 3. Woche – 5. Tag
# Versenkung in den „Urgrund“

***Einstimmende Übung zur Sammlung: siehe S. 8-10***

## Erfahrung und Besinnung

„Ich glaub’ nichts, und mir fehlt auch nichts!“ Die Mentalität vieler Menschen unserer Zeit hat sich von allem Religiösen entfernt, oder betrachtet es nur noch als kulturelles Versatzstück. Auch wer persönlich gläubig ist, wird von Fragen und Zweifeln angenagt: Kann man nicht ganz gut ohne Religion leben? Ohnehin klammern die Wissenschaften Gott aus. Brauchen wir ihn denn? Gibt es ihn überhaupt? Der Himmel scheint gewissermaßen über uns zugewachsen zu sein – doch andererseits beobachtet man wieder ein neues religiöses Suchen.
Die Meditation kann einen Zugang eigener Art zur Religion erschließen. Mystiker aller Zeiten und Kulturen bezeugen: Im Innersten des Menschen, in seinem „Seelengrund“, gibt es einen Punkt, an dem er von Gott berührt werden kann. Dass dies wirklich geschieht, bleibt unverfügbare Gnade. Durch Meditieren jedoch kann man dafür empfänglich werden. „Geh deinem Gott entgegen bis zu dir selbst!“, sagt *Bernhard von Clairvaux*.[8)]

Sammeln Sie sich und wenden sich nach innen. Erspüren Sie Ihr Dasein, Ihre Lebendigkeit: *Ich lebe, ich existiere – das ist wirklich.*
*Warum* bin ich da? Ich könnte ja auch nicht existieren. Nichts auf dieser Welt besteht aus innerer Notwendigkeit – alles entsteht und vergeht wieder, könnte ebenso gut gar nicht da sein. Dann würde man es nicht einmal vermissen.
*Warum gibt es dann überhaupt etwas und nicht einfach nichts?* Unversehens gerate ich vor einen bodenlosen Abgrund. Es könnte auch gar nichts da sein... Und doch existiert diese Welt – ein riesiges Universum – mit all ihrer Vielfalt.
*„Es gibt mich.“* Wer „gibt“ mich? Unsere Sprache weiß darum: Mein Dasein gebe ich mir nicht selbst. Bevor ich irgendetwas tun oder leisten konnte, war ich schon da. Es ist mir „gegeben“ – und darum „gibt es mich“! Ich *empfange* mein Dasein – doch von woher?
Da ahne ich ein Geheimnis: Muss hinter allem, was da ist, nicht eine tiefere Macht stehen, die *bewirkt*, dass wir da sind? Eine Macht – ganz anderer Art

als alles, was wir kennen, ungreifbar darum für die Wissenschaften, und doch wirklicher als alles! Eine Wirklichkeit, die die Fülle des Lebens, des Seins selbst ist.
Diese „Macht des Seins", dieser „Urgrund allen Lebens", den ich hier erahne – ist es derjenige, den die Religionen *„Gott"* nennen?

### *Zeit zum Verweilen und Nachdenken*

- *Was war mir besonders wichtig – was will ich mir bewahren?*

### Anregungen für das Gebet

Das Dasein ist der elementare „göttliche Funke" in allem, was lebt und existiert – das Wirken des schöpferischen Urgrundes. Indem ich mich ins Geheimnis meines Daseins vertiefe, komme ich zugleich Gott nahe. Dies nicht in erster Linie als philosophische Erkenntnis, sondern als meditative *Erfahrung.*

Die Zeit vergeht – ich bin immer noch da. Ich habe nichts dafür getan. Augenblick für Augenblick fließt mir mein Dasein zu, als Geschenk, aus jener geheimnisvollen Quelle heraus. Der „Urgrund des Seins" *will,* dass ich da bin, er bejaht mich. Fast möchte ich sagen: Er *liebt* mich!

*Da antwortete Gott dem Mose: Ich bin, der ich. Und er fuhr fort: So sollst du zu den Israeliten sagen: Der Ich-bin hat mich zu euch gesandt.*

Exodus 3,14

Erst die biblische Offenbarung tut kund, dass Gott (in der Meditation zuerst namenlos und unpersönlich erscheinend) *Person* ist: Er spricht uns Menschen an und wartet auf unsere Antwort. Er liebt uns und sucht unsere Liebe.

Ich spreche Gott an: „Du, geheimnisvolle Macht in der Tiefe meiner Existenz! Ich danke dir, dass du mir das Leben gibst. Darum verehre ich dich. Ich versenke mich in deine Liebe und bitte dich: Erfülle mein Herz mit Liebe zu dir!"

### Impuls für den Tag

Gott ist mir nie fern. In jedem Augenblick hält er mich im Dasein. Erinnere ich mich gelegentlich daran?

- *Habe ich eine eigene Idee für diesen Tag?*

## 3. Woche – 6. Tag
## Gebet der Stille – Gebet des Herzens

**_Einstimmende Übung zur Sammlung: siehe S. 8-10_**

### Erfahrung und Besinnung

Unsere Zeit ist überflutet mit Worten. Aus Radio und Fernsehen quellen sie uns entgegen. Aus Zeitungen, Zeitschriften und dem Internet springen sie uns an. Manchmal möchte man schreien: „Schafft doch *Schweigen!*"
Bis in die Liturgie hinein wird eine „Verwortung" beklagt. Mancher Zelebrant überlädt den Gottesdienst mit Erklärungen, statt einfach zu *feiern*.
So gut und richtig es ist, mit Gott wie mit einem Freund über alles zu sprechen, was das Leben bringt – in manchen Menschen erwacht doch die Sehnsucht, die vielen Worte hinter sich zu lassen und nur still da zu sein. Dieses Gebet des Schweigens, die „Kontemplation", kann tiefer gehen als jedes Wort. Es kann zum Gebet des Herzens werden.

*Wenn ihr betet, sollt ihr nicht plappern wie die Heiden, die meinen, sie werden nur erhört, wenn sie viele Worte machen. Macht es nicht wie sie; denn euer Vater weiß, was ihr braucht, noch ehe ihr ihn bittet.*

Matthäus-Evangelium 6,7-8

Suchen Sie wieder die innere Sammlung. Langsam kommen die Gedanken zur Ruhe. Lassen Sie sie vorüberziehen wie Schiffe auf einem Strom, ohne sich von ihnen gefangen nehmen zu lassen. Es wird still in Ihnen. So können Sie sich sammeln in Ihrer „inneren Mitte", hinter der Welt der Worte und Gedanken. Bleiben Sie ganz bei sich selbst.
*Ich bin da!*

Dann machen Sie sich bewusst: In der Tiefe meiner Seele bin ich nie allein. Gott ist immer da. Er ist der tragende Grund meines Daseins, die Quelle meines Lebens. *„In ihm leben wir, bewegen wir uns und sind wir"* (Apostelgeschichte 17,28).
In dieser Stille und Sammlung sind Sie ganz bei sich, und zugleich über sich hinaus, offen für die umgreifende Wirklichkeit Gottes. Vielleicht wird Ihnen eine Erfahrung seiner Gegenwart geschenkt. Manchmal fühlt man sich wie in einen Mantel eingehüllt in seine Liebe.
*Er ist da!*

Der da ist, ist *jemand:* die Person des lebendigen Gottes. Er will Liebe schenken und Beziehung zu Ihnen aufnehmen. Wie Menschen, die einander sehr lieben, ohne Worte beisammen sein können und in schweigendem Einverständnis miteinander eins werden – so kann es Ihnen in der Stille geschenkt werden, dass Sie ganz in einen Einklang der Liebe mit Gott gelangen.
*Du bist da!*

„Lebendiger Gott, du Seele meiner Seele. Ich öffne dir mein Herz. Erfülle es mit deiner Gegenwart, deiner Liebe. Wohne du in der Tiefe meiner Seele. Erlöse mich; heilige mich; ziehe mich an dich; forme mich nach deinem Bild."

Nun sind Sie an die Quelle gelangt. Auch ohne dass Sie viel spüren müssen, vollbringt Gott leise das Werk seiner Gnade in Ihnen.

### *Zeit zum Verweilen und Nachdenken*

- *Was war mir besonders wichtig – was will ich mir bewahren?*

### Anregungen für das Gebet

Leichter als völliges Schweigen fällt oft ein wiederholtes *Gebetswort.* Es hält störende Gedanken fern, und man kann immer wieder zu ihm zurückkehren.

Gesammelt in der eigenen Herzmitte, wiederhole ich im Rhythmus des Atems die Worte:

*„Herr Jesus Christus!"* – einatmen;
*„Erbarme dich meiner!"* – ausatmen.

Im Einatmen erhebe ich meinen Geist zu Jesus –
im Ausatmen lasse ich mich los in sein Erbarmen hinein.[9)]

### Impuls für den Tag

Das „Jesus-Gebet" kann den Tag hindurch weiter klingen. Es hilft, auch „leere Minuten" (z.B. wenn ich warten muss) zum Gebet zu nutzen.

- *Habe ich eine eigene Idee für diesen Tag?*

## 3. WOCHE – 7. TAG
## RÜCKBLICK AUF DIE WOCHE

### *Einstimmende Übung zur Sammlung: siehe S. 8-10*

***Ich rufe mir die Leitgedanken der Besinnungen in Erinnerung:***

1. Tag: „Ich bin" – Wunder des Daseins.
2. Tag: Reichtum inneren Lebens.
   Austausch und Begegnung der „inneren Welten".
3. Tag: „Ich bin ich" – Geheimnis der Person.
4. Tag: Im Fluss der Zeit.
5. Tag: Versenkung in den „Urgrund". Meditation und Religion.
6. Tag: Gebet der Stille – Gebet des Herzens.

***Ich denke nach:***

- Was hat mich besonders angesprochen oder berührt?
- Ist mir eine besondere Erfahrung zuteil geworden?
- Hat sich etwas in meinem Leben verändert?
- Was möchte ich mir bewahren?

### *Zeit zum Verweilen und Nachdenken*

#### Anregungen für das Gebet

- Ich *danke* Gott für alle guten Erfahrungen, neuen Einsichten, inneres Wachstum, positive Veränderungen in meinem Verhalten...
- Ich *übergebe* Gott alles, was unbefriedigend verlaufen ist. Im Vertrauen auf Gottes Vergebung darf ich es loslassen.
- Ich *bitte* Gott um Segen und Kraft für alles, was ich mir vorgenommen habe.
  Vielleicht will ich noch in weiteren persönlichen Anliegen beten.

#### Impuls für den Tag

Was war das Wichtigste, das ich in dieser Woche für meine praktische Lebensgestaltung entdeckt habe? Das vertiefe ich heute noch einmal.

# 4. Advent

# und

# Weihnachten

---

## Einstimmendes Schriftwort

*Die Hirten eilten hin und fanden Maria und Josef und das Kind, das in der Krippe lag. Als sie es sahen, erzählten sie von dem Wort, das ihnen über dieses Kind gesagt worden war. Und alle, die es hörten, staunten über das, was ihnen von den Hirten erzählt wurde. Maria aber bewahrte alle diese Worte und erwog sie in ihrem Herzen.*

Lukas-Evangelium 2,16-19

# 4. Adventssonntag
# Weg der Wandlung
## Eine zusammenfassende Übung

***Einstimmende Übung zur Sammlung: siehe S. 8-10***

### Erfahrung und Besinnung

Meditation geschieht leise und ohne Zwang. Dennoch hat sie, regelmäßig über längere Zeit geübt, tiefgreifende und nachhaltige Auswirkungen: Sie ist der „sanfte Weg“, sich selbst zu verändern. Vieles, was wir eingeübt haben, lässt sich zusammenfassen in der „Formel der inneren Verwandlung“:[10)]

***„Loslassen – niederlassen – eins werden – neu werden.“***

***1. Loslassen***

Mit dem Ausatmen lasse ich all das los, was mein „Oberflächen-Ich“ ausmacht. Dieses bildet sich im alltäglichen Daseinskampf und überlagert mein wahres Wesen. Ich gebe also weg: meine Ängste und Sorgen ... meine Masken und Rollen ... meine Abhängigkeiten ... meine Abwehr gegen Menschen, gegen Veränderungen, gegen das Leben ... meine Selbstbezogenheit und Verschlossenheit...
Ich lasse *mich* los und öffne mich.

***2. Niederlassen***

Befreit von allem, was mich gefesselt und von mir selbst entfremdet hat, lasse ich mich in meine Tiefe sinken. Dort gelange ich zur Ruhe. Ich überlasse mich den heilenden und verwandelnden Kräften der Stille. So komme ich zu mir selbst und spüre, wie ich getragen werde.

***3. Eins werden***

Die Unruhe in mir verebbt und gelangt zum Stillstand. Eine „Atempause“ im Sinne des Wortes tritt ein. Jetzt bin ich ganz bei mir selbst, finde mein wahres Wesen. Meine seelischen Kräfte, alle meine Strebungen sammeln sich zur Mitte und werden von innen heraus neu geordnet. Ich erfahre mein Dasein, mein Personsein. Ich gelange zu innerer Einheit und Ganzheit.
Hier kann ich mich zugleich dem umfassenden Geheimnis Gottes nahe fühlen.

***4. Neu werden***

Mit neu gewonnener Klarheit und Kraft aus der Tiefe wende ich mich dem Leben zu. Dabei bewahre ich die Verwurzelung in der eigenen Mitte, *bleibe* eins mit mir selbst, und gestalte alles, was ich denke und tue, von innen heraus. So lerne ich zu unterscheiden, was mir wirklich entspricht.

Bei der folgenden Übung brauchen Sie nicht an die obige Beschreibung zu denken. Wichtiger ist, sich dem Prozess zu überlassen: Wie auf einer Spirale, die immer weiter in die Tiefe führt, taucht der Meditierende ein in den Vorgang des Loslassens, Niederlassens, Einswerdens und Neuwerdens.

Sammeln Sie sich, und atmen sie ruhig. Verlängern Sie, ohne Zwang, das Ausatmen; dabei können Sie Spannungen immer weiter loslassen. Nach dem Ausatmen lassen Sie den Atem für einen Augenblick ganz zum Stillstand kommen. Spüren Sie, wie dabei alles in Ihnen zur Ruhe gelangt. Darauf lassen Sie den Leib von selbst wieder einatmen.

Unterlegen Sie diesem Atemrhythmus die „Formel der inneren Verwandlung“:

*Ausatmen – ausatmen – Atempause – einatmen.*
„Loslassen – niederlassen – eins werden – neu werden.“

Nun dreht sich die „Spirale der Wandlung“. Überlassen Sie sich ihrem Wirken.

## *Zeit zum Verweilen und Nachdenken*

- *Was war mir besonders wichtig – was will ich mir bewahren?*

### Anregungen für das Gebet

Im Prozess der inneren Wandlung werde ich auch offen für das, was *Gott* in mir bewirken will. Ich vertraue mich seiner Führung an, und spreche wie *Maria*: *„Siehe, ich bin die Magd des Herrn; mir geschehe, wie du es gesagt hast“* (Lukas-Evangelium 1,38)!

### Impuls für den Tag

Ich achte auf die „Früchte“ der Meditation: Lebe ich gelöst und gelassen? Bin ich offen für die Menschen? Vertraue ich dem Leben? Gehe ich achtsam mit allem um? Handle ich „innen-gesteuert“ aus dem, was ich *wirklich* will?

- *Habe ich eine eigene Idee für diesen Tag?*

## WEIHNACHTEN
## GEBOREN AUS DER MITTE DES SCHWEIGENS [11)]

❖ Diese Besinnung passt gut vor der häuslichen Weihnachtskrippe.

***Einstimmende Übung zur Sammlung: siehe S. 8-10***

### Erfahrung und Besinnung

Weihnachten steckt für die meisten voller Betriebsamkeit: Geschenke, Gottesdienstbesuch, Festessen, Verwandtenbesuche... – da ist einiges los. Man möchte dem ja gar nicht ausweichen. Soll Weihnachten nicht ein Fest der Familie sein?
Das Ereignis, das wir an Weihnachten feiern, rutscht dabei allerdings leicht in den Hintergrund: die Geburt von Jesus, und darin die Menschwerdung Gottes.

In dieses Geschehen können wir uns selbst mit einbeziehen lassen: Jesus will gleichsam noch einmal neu geboren werden in *uns* – in *mir! Angelus Silesius* dichtete:

> *„Wird Christus tausendmal zu Betlehem geboren,*
> *und nicht in dir: du bleibst doch ewiglich verloren!"* [12)]

Jesus kommt aus dem Herzen Gottes – aus jenem unendlichen Schweigen, in dem die Personen der Dreifaltigkeit in ewiger Liebe eins sind. Er nimmt Fleisch an aus Maria. In schweigendem Einverständnis erfüllt sie Gottes Willen. Sie schafft Raum in sich: physisch, indem sie Jesus als ihr Kind annimmt; geistig, indem sie *„all die Worte in ihrem Herzen bewahrt"* (vgl. Lukas-Evangelium 2,19.51b). Auf dem Hintergrund ihres Schweigens kommt der zu Wort, der „das Wort" *(„Logos")* genannt wird (vgl. Johannes-Evangelium 1,1 ff.).

*Als tiefes Schweigen das All umfing und die Nacht in ihrem Lauf bis zur Mitte gelangt war, da sprang dein allmächtiges Wort vom Himmel, vom königlichen Thron herab.*

Weisheit 18,14-15a

Still und gesammelt schaue ich auf die Krippe: Jesus will in mir von Neuem geboren werden. In meine Angst und Verzweiflung bringt er Gottes Leben ... in meine Verschlossenheit Gottes Liebe ... in meine Dunkelheiten Gottes Licht. Nach seinem Bild will er mich verwandeln und zu einem erneuerten Menschen machen. Er will mein Freund sein auf Leben und Tod.
Ich öffne ihm mein Herz und gebe ihm Raum darin. So wird es selbst zur Krippe, in die hinein Jesus in meinem Innersten geboren werden kann. Ihm vertraue ich mich an. Schweigend verweile ich und lasse ihn wirken.
So wird es wahrhaft Weihnachten. Ich trage Jesus in mir. Er heiligt all unser Feiern. Er begleitet die Begegnungen, die mich erwarten.

## *Zeit zum Verweilen und Nachdenken*

- *Was war mir besonders wichtig – was will ich mir bewahren?*

### Anregungen für das Gebet

Dankbarkeit für Gottes Menschwerdung und Versenkung in dieses Geheimnis kann ich ausdrücken mit den Worten eines weihnachtlichen Anbetungsliedes:

*Ich steh an deiner Krippe hier, o Jesu, du mein Leben.*
*Ich komme, bring und schenke dir, was du mir hast gegeben.*
*Nimm hin, es ist mein Geist und Sinn, Herz, Seel und Mut, nimm alles hin,*
*und lass dir's wohl gefallen.*

*Ich sehe dich mit Freuden an und kann mich nicht satt sehen;*
*und weil ich nun nichts weiter kann, bleib ich anbetend stehen.*
*O dass mein Sinn ein Abgrund wär und meine Seel ein weites Meer,*
*dass ich dich möchte fassen.*

(*Paul Gerhardt*; aus GOTTESLOB Nr. 256, Strophen 1+4)

### Impuls für den Tag

Mitten in aller Geschäftigkeit gelegentlich innehalten, still werden und sich erinnern: *Es ist Weihnachten. Jesus lebt in mir. Ich trage ihn zu den Menschen.*

- *Habe ich eine eigene Idee für diesen Tag?*

# Anmerkungen

1 *Ignatius von Loyola;* Die Exerzitien. Vorbemerkungen Nr. 2.

2: In der aus Japan stammenden Zen-Meditation kennt man das *„Hara“* (japanisch „Bauch“) als leib-seelische Mitte: ein Punkt im Bauch-Becken-Raum, etwas unterhalb des Nabels in der Tiefe des Leibes. Es handelt sich um den physikalischen Schwerpunkt des menschlichen Körpers, die „Leib-Mitte“. Dort hin sammelt der Meditierende sein Bewusstsein, um ganzheitlich zentriert zu sein.
Nicht allen gelingt es ohne weiteres, beim Meditieren das *„Hara“* zu finden. Deshalb wird in den Übungsanleitungen dieses Buches nicht weiter darauf Bezug genommen.
Das *„Hara“* sollte auch nicht mit dem „Ort“ des „Selbst“, der Personmitte, verwechselt werden (vgl. die Besinnung zum 3. Tag der 3. Woche)! Es zählt eher zur meditativen „Technik“.

3: *Zink, Jörg;* Wie wir beten können. Kreuz-Verlag : Stuttgart/Berlin 1970, S. 21.

4: *Zink, Jörg;* ebd. S. 21 (aus einem Gebet).

5: *Ende, Michael;* Momo. K. Thienemanns Verlag : Stuttgart 1973.

6: *Michel Ende* gebraucht dieses Bild vom „Bergwerk der Bilder“ für die Erinnerungen (auch die unbewussten) in der menschlichen Seele. Vgl. *Ende, Michael;* Die unendliche Geschichte. K. Thienemanns Verlag : Stuttgart 1979, S. 397 ff.

7: Der Satz stammt aus *Goethes* „Faust“.

8: Aus einer Predigt zum Advent. Zitiert nach: Lektionar zum Stundenbuch, Heft I/1, S. 55.

9: Die hier beschriebene Weise zu beten hat in der orthodoxen Kirche eine lange Tradition als „Jesus-Gebet“ oder „Herzens-Gebet“.

10: Nach *Tilmann, Klemens*; Die Führung zur Meditation, Band 1. Benziger-Verlag : Zürich/ Einsiedeln/Köln 1971, S. 64-65.
Es existieren verschiedene Varianten der Formel.

11: Die Formulierung stammt von *Enrico Intra* und ist Titel seiner CD mit Instrumentalisierungen gregorianischer Choräle zur Advents- und Weihnachtszeit. Erschienen im Verlag „Kreuz PLUS: Musik“, Stuttgart.

12: Aus dem Buch „Cherubinischer Wandersmann“. Zitiert nach: Lektionar zum Stundenbuch II/7, S. 200.
Die „Gottesgeburt in der Seele“ ist ein zentrales Thema der christlichen Mystik.

Printed by Books on Demand GmbH, Norderstedt / Germany